啟發女人快樂的
能量配方

學會尋找快樂是生活的一種智慧

前言
PREFACE

作為女性，生活中點點滴滴的感受和思考，總有隨手記下來的習慣，時間久了，就有這些文字積攢在一起。起初，這些文字只是在一家報紙上連載，連載過一段時間之後，前來向我要書的人絡繹不絕。原本沒有把它們出成書的想法，來要書的人多了，尤其是女性讀者的迫切需要，使我萌發了把它們集成書的念頭。

在報紙編輯回饋過來的讀者多封電子郵件中，我讀到這樣一封讀者來信：「在一次偶然的機會裏（是在做頭髮的時候），我看到貴報刊登的專家論壇《女性智慧書》，很是興奮，它寫了那麼多有智慧的東西，讀了以後我覺得真是太好了，文字是那麼簡練、那麼深刻、那麼打動人心，為了得到它，我悄悄地把這張報紙拿了回去，平生第一次，我竟然為了得到一張報紙做了一次小偷！呵呵！後來我發現它是連載的，其他的卻找不到了，很是失落。」

在今天的現實生活當中，喜愛閱讀的女性已不是少數，很多女性也表示，她們不是不愛閱讀，而是適合她們閱讀的圖書太少了，她們喜歡輕鬆、實用、淺顯的「輕閱讀」；也更喜歡短的、有思想性的、有內容的、向上的，能夠提升她們內在生命品質的文字，只是市場上鮮有見到。提升她們的智慧，引導她們過自己心靈生活的圖書，實在是太少了。

面對廣大女性讀者的需求，我的這部書以儘量短的、輕鬆的、淺顯的形式，向女性讀者講述作為女人人生最樸素的道理。以期通過這部書作為平台，成為女性朋友排憂解難的一種方式，成為日常生活的一種指引，引導女性朋友加強自身的修養，過上有自己精神家園的高品質生活。

在移動聽書成為時尚，資源分享正在流行的時代裏，享受紙媒介閱讀已不是一種時尚，但紙上閱讀的親切感，豈能是電子媒介能夠帶來的？一盞燈，一杯茶，一本書，仍是我們為自己的心靈營造最好的家園。在這裏，疲憊的靈魂能夠停下來歇歇腳，聽聽自己的心跳，看看外

面的世界，探訪一下陌生的心靈——在和紙介質肌膚相親的過程中，能夠徹底打破有限生命對我們自身的限制，讓我們停滯的靈魂飛翔起來。

在所有的放鬆形式當中，讀書是一種最好的放鬆。所有的放鬆形式中，讀書是一種最高級的放鬆，因為它放鬆的是靈魂。

據國外的一項調查表明：現在女性讀書的數量已遠遠高於男人。現代生活當中，女性對心靈及情感的滿足度要求較高，很多女人在現實中無法得到滿足的，轉而向書中尋求，這也是女性愛閱讀的一個重要原因。

有人預計，未來的世界是「她閱讀」時代的到來，當閱讀與金錢和權利等因素相關的時候，譬如在「學而優則仕」的年代裏，男人為了出人頭地，一定會埋頭讀書，像「頭懸樑，錐刺股」這樣的讀書故事，大都發生在男人身上。時代發展到今天，男人對圖書的青睞大都在高考之前完成，一旦踏入社會，吸引他們的東西會很多很多，只有一部分男人像女人那樣，把閱讀僅僅是當成一種單純的生活樂趣，或只是為了滿足心靈的某種要求，或只是為了情感的慰藉。在今天，因為有了女性對圖書的特殊需求，愛閱讀的女性將會變得愈來愈多。

　　我們正處於這樣一個時代。

　　在報紙連載的第一期的開篇，我曾寫下這樣一段話：
在當下的時代背景裏，女性加強自身的修養，涵養自己的
性情，已成為一件較為緊迫的事情。今天的女性，生活在
一種歷史上從未有過的境況下，在外和男人一樣打拼，在
家裏又要撐起一片天，孩子、家務、家庭中多種關係的打
理——女性有著前所未有的累，焦躁、煩悶、緊迫、恐
懼——像一塊塊大幕厚厚的罩在她們的頭頂，女性必須有
智慧的指引，方能走出生命的沼澤地。

　　什麼叫智慧？智慧和知識不同，一個有知識的女性不
一定有太多的智慧。知識是客觀存在的資訊，是一堆未經
處理的素材，而智慧則不然，智慧是一種能力，是一種穿
透現象直抵本質的能力，是一種能夠把沒有的東西創造出
來的創新能力。假如說知識給人帶來的能力是一根線的
話，智慧則給人的是一個立體的面，或者說是一個嶄新的
空間。

　　正如學歷不代表一個人的能力一樣，學歷也不代表其
修養的深厚，追求智慧、修身養性是女人一生的重大工
程。因為一代女性素質的高低，決定了一代民族素質的高
低，所以，女性的修養程度、靈魂的深度、生命的高度、

創新能力的高低，應是女性日常生活之外，最應該關注的事情。

何謂女性智慧？

就是讓女性更清楚地看到自己的性別特徵，按照一個女人應有的胸懷、氣度、膽量、做法，去處理生活中各方面的事情，用健康的心理、健康的體魄，去應對生活中出現的各種問題。當好女人，做好母親，引導女人在解決好生存中存在的各種問題之後，一定要有自己的精神生活，一個有精神生活的女人，才是一個完備的女人。

體態的豐盈決不意味著靈魂的充盈。一個女人只有內在和外在都是美的，才是一個美麗的女人。單純的外表美，無法展示女人全部的美麗。

何謂女性智慧？

就是讓女性在瞭解自己性別特徵、保持自己性別特徵的同時，一定要瞭解男性，瞭解這個性別不同於女性的很多特徵，學會理解、溝通，和男性共同締造美好的婚姻。

何謂女性智慧？

就是幫助女人自覺地限制自己對物質的需要，力使自己過一種簡樸的物質生活、豐富的精神生活，給自己的生命開闢一片藍天，讓不為物役的靈魂自由地飛翔。

　　因為女性本身對物質的要求多而繁雜，女性欲要超越自己的生命，更需要給自己的靈魂增加更為豐富的內容，靈魂豐富了，創造能力自然會增強。只有這樣，女性才最終活得是一個真正的人。

　　何謂女性智慧？

　　就是在繁雜的生活當中，在面臨生活的多種選擇的時候，告訴女性哪些東西應該堅守，哪些東西應該放棄。

　　女性的一生太需要智慧的引導，有了智慧的女性，就有了直接面對生活一切問題的能力。

　　何謂女性智慧？

　　就是知道人生有限。正是有限才更需要女人奮鬥，在奮鬥中有所創造，有所成就，才能使人生更有意義，也正是生命的有意義，才能將女人人生的有限變成無限。

　　在今天這樣的社會中，有智慧的女性愈多，我們的家庭、社會就愈加安定，人們的生活也就更加和諧。

　　對於這本書的設計，我沒有按照其他書的標準，將其分門別類地各放一處，而是將各種類別混雜在一起，雖然混在一起，但它們卻都是女性最為關心的問題，只是從不同的角度闡述而已，我想閱讀這本書的女性朋友一定會喜歡這種形式的，在報紙上連載的時候採取的就是這樣的形

式，讀者反映都喜歡這樣編排的文字，讀起來自由自在，沒有約束感。沒有約束感的讀書，才能最終得到一種最真實的快樂，也能受益最深。

風吹哪頁讀哪頁，可以隨時讀，也可以隨處讀。遇上暗合自己心意的段落，會心一笑；遇上心有所得的句子，怦然心動。倘若這本書的閱讀，能給你的閒暇時分帶來一段愉悅的心靈旅程，是我最大的心願，能給你的生活帶來些微的快樂並能有充實的感覺，是我最大的慰藉。

目錄
CONTENTS

婚姻天地

世界上沒有一樣東西能為愛情
保鮮，適合的，才是最好。

一

書籍是女人永恆的情人，不棄不離，始終如一。它永遠都在奉獻，從不求回報。

書籍是女人永遠的護膚品，沒有失效期。它不但護膚而且護心。對女人來說，世界上內外兼護的東西唯有書籍。

書籍還是女人保持自己魅力的法寶，一個和時代同步的女人，肯定是一個愛讀書的女人，因為她從裏到外都散發著迷人的風采。

二

每一個女人都應當經常問自己：我是誰？我想從生活中得到什麼？一個已婚女人，如果想在丈夫和孩子之外還擁有屬於自己的生活目標，這是女人最好的結果。

女人不應僅僅屬於家庭，她首先要屬於自己，然後是家庭，是社會。這樣，女人的生活才是最完美的。

三

家庭決不應該是一個女人的終點，而應當是女人的加油站。當自己的愛情、親情、友情都能得到滿足的時候，

女人身上會迸發出超人的毅力，促使她去完成她生命中的另一次飛躍，那就是超越自我的束縛，為社會、為人類去創造屬於自己的神奇。

 四

女人是聽覺動物，喜歡甜言蜜語。男人是視覺動物，喜歡用眼睛戀愛。任何一個能說會道的男人都容易將女人俘獲。當過起日子的時候，女人才發現說得好聽，遠遠沒有做得好看更讓人舒服。

 五

愛一個男人，女人會朝思暮想，看天，天空有愛人的影子；望水，水中有愛人的倒影。她把愛人幻想成白馬王子，幻想成無所不能的英雄。

愛上一個女人，男人決不會放棄他眼中的比較：這個女人更好看一點，那個女人更漂亮一些。朝秦暮楚是男人的本性。

 六

智慧的女人一定會選擇一個愛她的男人來做丈夫，只

有愚蠢的女人才會選擇一個她愛的男人做丈夫。

這是一個不可更改的原則，無數女人的血淚體驗都證明了這一點。當一個男人從內心裏真愛一個女人的時候，他的道德感、責任心才能真正的產生約束他的作用。

做個智慧的女人一定會在生活中少受累、少受罪。

七

一個憂鬱的女人身後，一定是一段不為人知的不幸的愛情。

當所有的希望全都消亡之後，女人就只剩下了憂鬱。這憂鬱如一隻靜靜的小貓，陪她分享寂寞。

八

現代生活中，什麼事情最冒險？登山，滑翔，攀岩，各種極限運動——都不是，感情才是女人一生最大的冒險。

種種外在的冒險大不了一死，但感情冒險之後所承受的折磨，卻讓人生不如死。

九

做一個智慧而又糊塗的女人，是容易找到幸福的。所謂智慧是看透了男人好色的本性，他的與生俱來的本性不會因為某一個女人而改變，不論這個女人是如何的美貌如花，才華橫溢；糊塗是因為女人永遠無法真實地控制男人，天下所有的男人都概莫如外，為何要為一個男人的易變而黯然傷神呢？

做最好的自己才是女人唯一的出路。

 十

女人總是天真地嚮往天長地久的愛情，尤其是有情人終成眷屬之後，總想男人會讓自己一成不變地幸福下去。可世上哪有這樣的事情啊！世上變化最快的就是婚姻中的男人。女人一定要有這樣的思想準備：男人變，妳也要變，只有變化才是這個世界上永恆的事情。只有在變化中，女人才會明白生活中的許多真理。

 十一

男人的花心，多是因為他們本性中的征服慾所導致的，與其說他們是為了征服世界，不如說他們是為了征服

周圍的女人心更為準確。他們在不斷的征服中獲取了王者的威儀、成功的感受。他們在體驗不同女人的同時，更多的是在體驗自己的成功。

很多膚淺的女孩子，把被成功的、已有家室的男人的征服，當成是天大的喜悅。她不知道她只能是他喜歡征服的無數個女人中的某一個。到最後，她獨自流淚的痛苦和她當年獲得的喜悅一定是成正比的。

 十二

女人往往把獨立和撒嬌對立起來，彷彿獨立的女人就不應該撒嬌，其實是大錯特錯了。獨立是女人的社會身份，撒嬌是女人的人性本色。女人不像個女人，妳有再多的成功，賺再多的錢，又有什麼意思呢？男人是不會喜歡這樣的女人的。

男人不喜歡，女人不幸福，就會惡性循環下去。在婚姻中，女人感受不到幸福，還有什麼成功可言呢？

 十三

做一個有價值的女人，應該是女人一生永恆的目標。它讓女人不會因暫時的成功而忘乎所以，它像一個方向，

指引著女人永遠向前。

　　成功只能是人生某一個階段的標誌，價值卻涵蓋了人的整個一生。

　　停留在某一個階段的成功上面，人很快就會感到無聊、沒有意思，而價值的追求，卻讓人永遠年輕。

 十四

　　女人一生當中最重要的兩個時期，一個是青春期，一個是更年期。這是女人最重要的兩個階段，一個是在為花開做準備，一個是在為凋謝做鋪墊。這兩個點連成了女人的一生。

　　青春期的煩躁，無名的衝動，是花開前的艱辛，等待的是花開的豔麗和芬芳。更年期給女人帶來的痛苦卻很沉重。潮熱、煩悶、失眠等身體各個部位的不舒服，讓人生充滿了沉悶的調子。如若自己不能調整好自己的生活，真是剎那間的花開，長時間的凋落。「花向枝頭別，人向歲月憂，」是女人人生永恆的痛苦所在。

 十五

　　愛情中，誰先動心，誰就滿盤皆輸，是一條顛撲不破

的真理。

這條真理是由男人的天性決定的。男人喜歡征服，習慣用征服世界的姿態來征服女人，只有被他徹底征服的女人，他才會真心去愛、去珍惜。

愛情中，女人太主動，往往會給婚姻的過程中帶來無盡的煩惱。

十六

人世間所有的愛情都是有期限的，天長地久只能是一種幻想。在愛情燃燒的日子裏，讓自己充分的燃燒，充分地去感受那份愛情的美麗，並將這一段美麗的時間，永久的定格在自己人生的影集裏，以供自己在未來的人生中長久地回味。這是女人的一生唯一能夠做到的事情。

世界上沒有一樣東西能為愛情保鮮。

十七

婚姻中的女人一個很重要的作用，就是對丈夫和孩子的教化。當然，這個女人一定是要學識不在丈夫之下，其他條件也能和丈夫比肩的情況下才有可能進行的。欲轟轟烈烈地改造丈夫的女人是愚蠢的，智慧的女人，是在丈夫

舒舒服服願意接受的情況下，才會說出自己的意見。女人首先要把丈夫研究透徹，再對症下藥，才有可能產生作用。能對丈夫產生作用，對孩子的作用也就不在話下，當然，兒童心理學要學得好，他們畢竟不是一個年齡階段的人。

女人能否是個好學校，關鍵是女人綜合素質的高低，以及管理能力的大小。

 十八

大多數的女人是沒有沉魚落雁之美貌的。外在的東西是父母給的，誰都沒有辦法。成為女人，外在美是日常生活中很重要的一個問題。不論外在美還是不美，女人一定要愛美，愛美才使女人活得像一個女人，愛美才能使自己平凡的面孔生出一些不平凡來。

愛美的女人決不會是個懶人。世上沒有醜女人，只有懶女人。懶，是女人最大的缺陷。

 十九

所有的女人應當慶倖，上帝沒有給我們想要的一切，當一個女人擁有了世上所有的一切的時候，她就失去了感

受幸福的能力。

一個喪失了感受幸福能力的人，生活對她來說就沒有了任何意義。

每當我們對生活不滿的時候，這可以是我們安慰自己最好的理由。

 ## 二十

什麼也沒有比一個女人關注自己的靈魂更為重要的事情。只有靈魂的安寧、平和，才能感受到幸福到來的滋味；只有靈魂的充實、豐滿，才能發現生活的美麗和生命的寶貴。

關注靈魂應當是女人一生比關注容顏更為重要的事情。

 ## 二十一

婚姻中，女人的獨立是有條件的，尤其是怎樣把握好平衡關係，是女人一定得掌握好的一門學問。一般說來，婚姻中的平衡度是不好把握的，女人若太過於獨立，會讓男人找不到感覺，女人太不獨立又會讓男人感到太累，所以，獨立的女人在實際的生活當中，一定要有些女人味十

足的東西，來作為平衡夫妻之間關係的一個法寶，這是女人與生俱來的性別特點所決定的。做一個既獨立又在某些方面依賴男人的女人，才能使婚姻平穩地向前邁進。

 二十二

　　女人的青春期一過，就會進入到像秋天一樣靜美的成熟期。一個成熟的女人像成熟的莊稼一樣，在美麗平靜的氣氛中發出甜美的芳香。

　　褪去了青澀的果實是香甜的；能夠人為地營造出靜美芳香的女人是美妙的。

 二十三

　　讓皺紋遲到，讓青春不老，是每一個女人心中的夢想。但這終究是夢想。讓青春不老的法寶只能是：讓自己的心態年輕起來。

　　年輕的心態裏長出來的都是夢想。

 二十四

　　當一個女人把愛情當做人生的奢侈品，有，最好，沒有也能活的時候，她就得到了人生的真諦，就不會再為那

流逝的愛情而整日淚水漣漣。

女人啊，與其抱怨生活，不如自己先活出精彩來。

 ## 二十五

婚姻的相處是一種藝術。男女雙方有知識、有文化，並不代表他們會經營婚姻。婚姻是要經營的，不會經營，就會有人生的虧損出現。沒有孩子還好，有了孩子，直接的虧損就在孩子身上體現出來。

 ## 二十六

婚姻把男人和女人做成了合訂本。其實最好的婚姻，是男女應成為有內在聯繫的單行本，表現出來的是互相獨立，各人有各人的天地。

空間是讓婚姻內有新鮮空氣流通最好的辦法。

有了空間，婚姻就有了成長的天地，能夠成長的婚姻才是最好的婚姻。

 ## 二十七

婚姻當中的雙方都要學會克己，克制自己能力的大小，直接影響到婚姻的品質，因為兩個人從開始戀愛的那

天起，就決定了他們之間必定要互相影響對方，完善自己，修正各自的個性和生活習慣。

 ## 二十八

把「愛人當外人」是一種婚姻智慧。當女人把自己的事情自己做，當成一種習慣，把丈夫當外人一樣尊重、理解，當外人一樣展示自己的智慧和美麗之後，適度的撒嬌和依賴才會有所附麗，才會有婚姻的相對牢固。

 ## 二十九

用自己的智慧去獲得男人的愛，是女人經營婚姻的一大法寶。男人需要女人，不需要一個只會做活的僕人，不需要一個只有漂亮臉蛋的妓女，不需要一個什麼都不會做的笨蛋，不需要一個只會提供給他幫助的老媽，不需要一個只會發號施令的上司，不需要一個唯命是從的奴隸。女人一定要瞭解男人的這些需求特徵，全力打造自己多方面的能力，讓自己的能力不是一種，而是許多種。

真正的好男人需要的是能和他相濡以沫，思想、智力、能力等各方面都能和他相稱的女人。只有這樣的女人才能給他真正的幸福。

三十

「不能吃免費的午餐」，應當作為每一個女人告誡自己的座右銘。因為吃了免費的午餐，付出的代價也就格外沉重。女人一定得很早就明白這個道理。

很多女孩子在年輕、姿色尚可的時候，不是把精力用在學業上，而是到處揮灑自己的精力，對免費的午餐存有天真的幻想。這種幼稚想法的後果是，人到中年的時候，自己流淚自己看，自己傷心自己知。

 ## 三十一

不愛自己的上司，對年輕的女人來說是一種智慧。能在工作中做到管理位置的男人，一定是很有智慧的男人，他難以控制的是對自己本性的把握，對年輕靚麗的女性會有好感，會有意的接近。年輕女性往往把握不住自己的感情，把上司的好感當成了愛情，到最後只能是毀了自己。

在婚姻之外的愛情中，男人要的是新鮮，決不是守護！

 ## 三十二

優雅地變老，是女人需要一生來學習的課程。儘管歲

月給了妳滿臉的皺紋，卻奪不走妳眼中的睿智和善良；儘管歲月給了妳滿頭的白髮，卻擋不住妳把靈巧的雙手伸給需要幫助的人。歲月可以奪走妳的一切，卻奪不去妳那顆寬厚、智慧、純真、善良的心，它只能把妳變得一天比一天優雅。

當優雅成為了習慣，在逐漸老去的路途上，女人才會走得更加從容，更加美麗。

 ## 三十三

女人的魅力是女人的護身符，它是比美麗更有價值的東西。女人的美麗會因歲月的漂洗而褪色，花開花落終有時，而女人的魅力卻會因歲月的淘洗而放出耀眼的光華，會因歲月的深藏而散發出醉人的醇香。

 ## 三十四

物質上簡單生活，靈魂裏卻有繁雜要求的女人，一定是一個不同尋常的女人。在這樣的女人身上蘊藏著極大的能量，因為她知道什麼可以放棄，什麼必須堅守。

需要堅守的東西，女人會用自己的堅忍和時間拔河。

三十五

　　自己賺錢買花戴，應該是女人的一種人生境界。經濟的獨立，是女人保持自己內心從容的一個根本保證。一個女人如果連這種能力都不具備，其他方面的能力也絕對不會強到哪裡去。

 ## 三十六

　　女人的品味是從書香中薰染出來的。現在女人親澤書香已不僅僅是紙介質了，各種電子讀物的出現，為女人掬書香而浴提供了極為便利的條件。女人若有「三日不讀書面目可憎」的思想高度的話，女人的品味一定能大大提高。

　　除了書香，女人的品味也是被各種藝術品給薰陶出來的。經典的藝術片、古典音樂、歌劇、舞劇、話劇、音樂會等不同門類的藝術作品，都會給女人的靈魂以滋養，久而久之，女人高雅的品味自然生成。

　　女人的一生中，有什麼能比培養自己高雅品味的事情更為重要呢？

三十七

儘管歲月是女人的天敵，但最美的女人往往是經過歲月之刀雕刻過的。經過歲月之刀雕刻過的女人，才會有真正的聰慧，才會生成自己獨具的內在氣質和修養，才會有自己對自己的那份自信，才會有歲月遮蓋不住的美麗。

這是從內到外統一和諧的美麗，是歲月無可奈何的美麗。

 ## 三十八

能夠讓愛長久的，不是男人的諾言，而是女人的信心。

自信的女人總能掌握著婚姻這條船往上游奔去。

只有女人在擁有自信基礎之上的高素質，才能保證愛的相對長久。

 ## 三十九

女人若把自己怕老的心情，轉化成用各種知識來武裝自己的激情，轉化成做事情的動力，成熟的風韻就會在妳的身上顯露。此時的妳，恰如枝頭圓潤的果實，散發著誘人的甜香。

四十

　　婚姻外的每一個人都是只有一隻翅膀的天使。走進婚姻，是為了找到自己的另一隻翅膀，以便相互扶持，振翅高飛。

　　尋找另一隻翅膀的過程是因人而異的，但找到了翅膀就不要輕易折斷它。因為再接上的翅膀是殘缺的，也飛不高，飛不遠。

 ## 四十一

　　當女人發現一個愛妳的男人去愛了別人，應該選擇義無反顧的離開。號啕大哭是最無能的表現。痛是巨大的，但要在無人知曉的地方悄悄地流淚。能夠擦乾眼淚、滿臉笑容地面對生活的女人，內心的力量是強大的。對這種女人來說，男人的不愛只是一種小傷，或者說是一種預料之中的傷害。

 ## 四十二

　　女人一定要自立，靠自己才是生命唯一的途徑。想靠男人過一生的女人是最愚蠢的，因為男人和任何一個別人一樣，都是靠不住的。

對女人來說，有靠別人的想法本身就是錯誤的。

 四十三

一個人的幽默感就像是裝上了避震器的汽車一樣，能使坎坷的人生之路變得平坦。沒有幽默感的人，生活路上的每一個小石頭都足以讓車身搖晃。

女人的幽默感更顯得重要，因為女人生活中的瑣事太多，容易受到的傷害也更為繁雜。幽默感能讓女人從繁雜的事務中解脫出來，也是女人自己解放自己的一種極好的方式。幽默感是女人應具備的最重要的素質之一。

 四十四

愛上年齡小的男人的女人一定要小心。因為小男人在婚姻中會把自己身上所有的優點都淡化，把所有的缺點都放大。最終受苦的只能是大他的女人。

 四十五

很多受過愛情打擊的女人不再相信有愛情存在了，結果是讓自己陷入到另一種痛苦之中。女人無論如何都要相信世界上是有愛情的。不相信愛情的存在，會使人變得極

為絕望，生命就失去了最原本的力量。

　　相信愛情而不迷信愛情，是一種最為客觀的態度。因為迷信愛情會喪失自己存在的意義。倘若對自己存在的意義都懷疑，怎麼還有勇氣活下去。

 ## 四十六

　　不要因為一個男人傷了妳的心，妳就迴避所有的男人。不要害怕上男人的當，一次兩次，妳總會積累起經驗，和一個真正愛妳的男人牽起手。每一個女人一定要相信，世上總有一個男人在和自己對應著，只是找到的時間不一樣而已。

 ## 四十七

　　外遇是一面鏡子，照出了婚姻的缺陷和人性的弱點，也照清了婚姻的發展方向。

　　外遇是雙刃劍，給了他（她）痛苦迷茫的折磨，也給了他（她）往婚姻中注入新動力的勇氣。

 ## 四十八

　　好女人一定是智慧博學的，這樣的女人才能為婚姻注

入永不衰竭的動力。

好女人是懂得修飾自己的。得體的修飾會和她豐富的內心相映成趣，形成一道亮麗的人文風景。

好女人懂得語言的魅力，恰到好處的幽默風趣，會啟動生活中的滯呆。

好女人追求愛情但不癡迷於愛情。愛情永遠只是她生活中的一部分。她知道，只有愛情、親情、友情的相加，才會給她完整的情感世界。

好女人懂得用各種方式來調節自己的生活，讀書、聽音樂、旅遊、運動、聊天、購物——用多種多樣的方式把自己的生活打扮得五彩繽紛。

好女人會勤儉持家，該花的錢能花到好處，該省的錢能夠省下來，用到急用的地方。適當的勤儉會讓女人變得更美。

好女人會相夫教子。對丈夫用成長學鼓勵，對孩子用教育學指導，因材施教，把家庭建設成生機勃勃的學習型樂園。

 ## 四十九

婚姻就像鋪好的水泥路，隔上一段就要留出一條縫隙

來，不留縫隙，路面就會膨脹起來，膨脹過的路面很快就會壞掉。

同樣，沒有距離的婚姻最容易出現問題。

沒有距離的男女容易放大各自的缺點，缺點放大後的婚姻就讓人變得不能忍受。

 ## 五十

婚姻中的女人一定要學會愛自己，只有這樣才能更好的保全婚姻，靠自己無盡的奉獻，是換不來丈夫對妳的愛的。

愛自己的方式可以是獨自去旅遊，把家裏該做的一切都留給丈夫去做，讓他嘗試一下管家和管理孩子的滋味；可以躲起來去讀自己早就想讀，而一直沒有時間去讀的自己認為最有意思的圖書；可以去買自己早就想買，但就是捨不得買的時裝，穿上美麗的時裝，既美麗了自己的心情，也美麗了他人，何樂而不為……

女人愛自己的方式有許多種，就看女人自己如何去發現，去體驗。

五十一

真正的暗戀不在乎是否擁有，只專注於品嚐那得不到的苦痛滋味，如一杯醇厚的酒，只在無人知曉的孤獨的深夜，獨自把玩。

真正的暗戀永遠說不出口，也永遠不希望能夠得到。

 ## 五十二

男人關於愛情的心思就像一面扇子，能夠覆蓋自己的妻子百分之五十就是燒高香了，其他的他們都用自己的雄性理論消耗掉了。

作為女人不能不知道這樣的真相。知道真相後的抉擇，取決於女人自己對待生活的態度。

 ## 五十三

一個聰明的女孩子學習知識，可以變成一個很聰明的女人。一個聰明的女人繼續學習知識，不間斷地完善自己並有創造的行為，她就變成了一個智慧女人。

智慧的女人無論做哪一行，都會做出神奇來。

五十四

女人四十歲以後拼的是氣質，沒有內在美的支撐，這個年齡階段的女人真的成了一道不堪入目的風景。

為自己四十歲以後做準備，應當是每一個女人必學的課程。這個課程的主題是：知識加文化再加智慧的力量。只有它們是可以超越歲月的，其他的統統都會被歲月打敗。

 ## 五十五

和平年代裏，愛情成了標準的人生之本。豔遇是每個男人心頭上的好夢，現代生活中，傳媒業的發達和女性的聰慧，往往會讓男人知道最終的後果。但男人仍像飛蛾撲火般撲向豔遇，這是本性使然。

 ## 五十六

女人要學會對自己丈夫的成功鼓掌，除了鼓勵、讚美、肯定的表揚，更多的是鼓掌，讓他找到再次奮進的動力。

男人成功了，女人仍像溫吞水一樣波瀾不起，倒楣的只能是這個不識相的女人了。

五十七

失望也是女人的一種幸福，因為失望說明妳曾經有過希望。

沒有希望的人生真是如漫漫黑夜，見不到一點亮光。女人寧可要失望的痛苦，也不要沒有希望的幸福。

 ## 五十八

我們為什麼會對夕陽下攜手而行的銀髮伴侶，懷有萬般的激動？因為我們看到了令人激動的情感雕像。

幾十年的風雨裏，他們有過爭吵，有過怨恨，有過冷戰，有過病榻前的相互照料，有過忍耐，有過寬容——他們經歷過了人生都要經過的一切，卻毫髮無損地手挽手的走過來了，一直走到了他們生命的暮年。

他們是活著不被歲月擊敗的情感象徵！

 ## 五十九

每個人的人生都是一場馬拉松。對女人來說，有一份可心的工作，是第一個百米成功；找到如意的丈夫，是第二個百米成功；孩子出生，是第三個百米成功。幾個成功決不意味著一生的成功，還有許多目標在前方等著，等待

著女人一個一個的越過。

女人的一生是不斷超越自己的馬拉松。

 六十

女人趁自己年輕的時候，一定要培養自己多方面的興趣，一是利於家庭建設，便於營造出好的家庭氛圍，二是能給自己中年之後找到一條出路。女人中年百事哀，如果有多方面的興趣愛好，能使自己很快地從憂鬱狀態中走出來，積攢更多的力量，去為自己創造一個光明燦爛的晚年。

人生是需要謀劃的，女人更是需要。

 六十一

保有幸福的感覺是每個婚姻中的女人都極力追求的。簡單說來，只要做到「五有」、「三不」，就能讓幸福的感覺時常環繞著自己。

有一份喜愛的工作，有一樁成長的婚姻，有一個聰慧的孩子，有幾個工作之外的樂趣，有兩三個知心的朋友。

不懶、不貪、不煩。

六十二

靈魂不能和靈魂集合在一起。世界上任何一個靈魂，都是一個極獨立的個體，再大的力量也很難把這些靈魂放在一個集合裏。不要希望婚姻能夠做到兩個集合的完全重合，婚姻的交集只能是孩子。

 ## 六十三

一個女人孜孜追求的應是，當老年來到的時候，儘管不再有姿態的婀娜、容顏的美麗，卻能安享內心的豐富。

豐富的內心對步入老年的女人來說，是一處最美麗的風景。

這片風景是女人生命年輕時候，在不同階段留下來的財富。

女人啊，趁年輕多為自己積攢財富吧！

 ## 六十四

女人最怕愛人把自己當做愛情遺物似的一天天毫無激情地過下去，可任何一場轟轟烈烈的愛情之後的結局都莫如此，任何一個女人的命運都如同一個模式。

痛苦、煩悶、怨天尤人都是沒有用的。唯一的辦法是

女人自己要把自己從裏到外的美麗起來，為自己身為女性的生命而自我美麗，自我陶醉，別無他法。

女人能夠解救自己的只能是自己。

 ## 六十五

所有的女人都應該明白，婚姻生活只是自己生活的一個層面，決不是生活的全部。不把婚姻當做生命的唯一，才能保有良好的心態來對待生活。

一旦婚姻出現了問題，既能有良好的姿態來處理問題，也能保證自己的心理不會受到太大的傷害。

 ## 六十六

從不知道從裏到外的修飾自己，精神上毫無追求，外表上邋邋遢遢，還以勤儉為由，到男人棄之那天再痛訴自己是如何刻薄自己的，還有什麼用呢！被拋棄是必然的下場。

這樣的女人不是愚蠢，就是缺乏智慧的引導。

 ## 六十七

女人每天一定要有幾個小時的獨處時間，讓自己的身

體、心理、思想都有一個放鬆和調整的機會，這是自己給自己提供全面營養的時間。可不要小看這段時間，這是保證自己有良好身體和心理狀態的必要條件。

 ## 六十八

做一個樂觀的悲觀主義者，是一種智慧的生活態度。很多事情在沒有發生之前，就把最壞的結果預想出來，當真的壞結果出來的時候，並沒有自己預想的壞，就有了一種小小的快樂在裏面。

人生很多時候都是由這些小小的快樂組成的。

 ## 六十九

旅遊是女人放鬆自己心情的好辦法之一。假如能拿著相機在異國他鄉多拍些可愛孩子的照片，會使自己的旅遊增添更多的趣味，自然山水、人文景觀都是美麗的，都是能給人帶來快樂的，可拍些能給自己帶來快樂的照片，卻是自己創造的一種景觀。

創造是最重要的事情，快樂也需要自己去創造。同樣是旅遊，有了自己的創造在裏面，就增添了快樂的附加值。

七十

　　婚姻這雙鞋早晚都得沾上灰塵，對所有人不盡完美的婚姻來說。有些人對婚姻的不滿意是在心裏進行，有些人則付之以行動。對婚姻不滿有心理活動的人，可以佔到百分之百，付之行動的只會有一部分，這主要取決於機緣和對婚姻的不滿程度。有理性的、智慧較高的人會淺嘗輒止，知道婚外風景是怎麼回事，就把所有的事情攔到了心裏，繼續自己不完美的婚姻。

　　他（她）智慧的體現是知道世界上不存在任何一樁完美的婚姻。

 ## 七十一

　　女人最看重的男人的素質是責任心、博愛、信任和溝通技巧。男人把性看得很重要，但女人不這麼認為。通常，女人因性生活不滿意甩掉男人的較少，相比之下，爭吵、衝突、沒有默契感，卻在女人婚姻的抉擇中有著很重要的作用。

　　女人最看重的是情感的滿意度。

七十二

女人年輕的時候，一定要潛心讀書，靜心思考，不要被外界的影響牽著走。嫁個好老公決不是女人的全部。

靜心讀書和思考帶來的結果是改變命運，嫁個好老公只是改變了生活。改變了命運，妳是自己的主人；嫁個好老公，妳只是個配偶。

 七十三

投入地愛一次對每個女人來說都是非常必要的。這種愛一定要愛得驚天動地，讓自己為這份愛情茶飯不思，輾轉難眠。

這種感受是人生未來歲月裏值得回味的最好的佐料。

這樣的情感在女人的生命中有一次就夠了。一次真愛的享受，可終身免疫。

 七十四

女人的紅顏知己、閨房密友是解壓減負的最好伴侶。交流資訊、發表個人見解、傳遞和接受來自同性的愛和關心，都能沖淡平時積壓的鬱悶，給平淡的人生注入些新鮮的血液。

女人的生活中一定要有三兩個同性的好友。

 ## 七十五

已婚男人只是美麗的公園，可駐足觀賞，決不可停留下來安營紮寨。欣賞風景時，妳是主人，停留下來的時候，妳就成了維護風景的園丁。苦和累是不可避免的，更有許多不可言說的煩惱如鯁在喉，扎得難受。

 ## 七十六

誰都渴望婚姻中的同步，只有同步才能有更深層的和諧出現。這種同步不但是精神的，也是物質的，不但是肉體的，還是靈魂的，不但是生理的，更是心理的。

世上能達到這種婚姻狀態的人少之又少，所以，才有了婚姻中許多人的不滿足，才有了許多婚外情的發生。

 ## 七十七

所謂冰雪聰明的女人，就是對女性這個性別特徵有著深刻認知和領悟的女人。她們既能夠對自己的性別加以很好地利用，又能賦予其新的意義。

這些女人表面上看起來很女人，她們愛打扮、愛漂

亮，講究外表，其實骨子裏對男權文化賦予女人的種種定
義深惡痛絕。

　　她們對生活有著自己獨到的見解，精神生活和情感生
活高度獨立。無論在工作還是生活上決不亞於男人。她們
在原則問題上決不讓步，在無關緊要的事情上，很容易向
男人妥協。她們既有男人的特點，又有女人的特點。

　　各種力量都會借用，是聰明女人的拿手好戲。但這種
女人中的熟齡未婚情況較為普遍。婚姻問題上的坎坷，常
常讓她們啞然失笑。

　　她們是這個時代裏的一道獨特的風景。

 ## 七十八

　　一個男人，若能和一個永遠不滿足於衣食之安的女人
結為秦晉之好，生活也就有了永遠的新鮮之感。物質的追
求有盡頭，而精神的追求永無止境。

　　能有精神追求的婚姻生活是最容易常過常新的，也是
婚姻人為的能有長時間的新鮮度的秘密所在。

 ## 七十九

　　長得漂亮不如活得漂亮。一個女人可以長得不漂亮，

但不能活得不漂亮。女人長得如何由不得自己，活得怎樣就全靠自己的調節了。

　　活得漂亮是指一個女人所擁有的內在的力量。這種力量外現出來就是淵博的學識、良好的修養、文明的舉止、得體的修飾、優雅的談吐、博大的胸懷、慈愛的心腸──這一切，只要女人努力都可以擁有。

八十

　　女人表現在婚姻中的智慧是靠「細節」來體現的。

　　儘管自己腹有詩書，儘管自己在外面指揮千軍萬馬，但只要進入家庭這個地盤，自己就是一個妻子，要演好妻子這個角色，需要女人注重以下細節的表現。

　　儘管有傭人把家裏的家事全都包了下來，但幫助丈夫收拾行裝，釘上掉下來的衣扣這樣的小事，一定要自己承包下來。它在婚姻中產生的作用勝過千言萬語。

　　儘管丈夫喜歡表現自己的聰明和果斷，明知自己並不亞於他，但還是要給他表演的空間，但必要的時候要讓他明白自己並不比他差，有的時候只是讓著他罷了。比如在爭論某一個問題的時候，比如在表達自己對具體問題看法的時候。

　　對丈夫的興趣和愛好，女人一定要有很到位的研究，自己哪個方面不行，一定要悄悄補上，這樣在和丈夫溝通的時候才會沒有障礙，才能讓他有找到對手的感覺。他若喜歡下棋，妳可和他對弈，要有贏有輸，適時地多輸給他，他會非常的興奮。他若喜歡書法，妳可幫他鋪紙、研墨，並對書法有相當的研究，顏體、歐體、行書、草書等，都能說個八九不離十，讓他有擁有紅袖添香、知己在旁的感覺。他若喜歡詩詞，妳必須能挑出他寫好詩詞中的毛病，並適時的給他和上幾首，讓妳丈夫覺得妳是這個世界上最懂他的人。

　　這些細節做到位之後，再有保養得法的容貌，修飾得體的衣著，優雅淵博的談吐，儀態萬方的舉止，妳便成了丈夫手中的寶，他一定會把妳呵護在手的。妳就是趕他，他也不會跑掉。

　　這需要女人擁有較高的智慧，多方面的高素質，才能把最容易死掉的婚姻救活。

　　一樁婚姻經營得如何，關鍵在於女人。

 八十一

　　婚姻是理性的，情感是非理性的。在理性的婚姻裏，

保持自己內心情感的豐富性，保持心靈的自由及非凡的創造性和情感感受力，就一定能夠擁有高品質的婚姻生活。

　　儘管每個人的婚姻生活都是不盡相同的，而婚姻生活的品質多靠女人去創造。

 ## 八十二

　　不能為婚姻失去自我，應是每個女性必須清楚的原則。婚姻生活只是女人所有生活的一部分，決不是全部。

　　女人有沒有婚姻生活都一定要保持自己身心的完整性。

 ## 八十三

　　婚姻中的女人一個很重要的角色，就是擔當全家的營養師。飲食中的葷素搭配、營養是否全面，都是女人應該思考的問題。懂營養搭配、會烹飪的女人，會把家人調理得身體健康，會把家庭氣氛調節得溫暖如春。這樣的女人是丈夫和孩子從心裏熱愛的人。

 ## 八十四

　　阿拉伯諺語說：「教育好一個男人只是教育好了一個

人，教育好一個女人就是教育好了一個家庭。」在一個家庭中，女人充當著家庭管理者的任務，如怎樣穿衣、吃飯、外出活動等各類雜事，都是由女人來打理的。假如女人的綜合素質很高的話，會把家庭管理得非常到位，家庭成員也都會逐漸養成良好的生活習慣。

一個女人接受教育程度的高低及她個人的悟性，決定了由她所組成的家庭的品味和習慣。

八十五

婚姻是有道德價值的，承載了許多的親情和義務。婚約其實是一份道德合約。婚姻從表面上看是兩情相悅的個人行為，但在本質上是一種社會行為，要接受社會道德尺規的衡量。每一個婚姻都逃脫不了社會道德的約束。

「生死契闊，與子相悅，執子之手，與之偕老。」說的就是一種道德責任的承諾。一旦婚姻存在，雙方都有了維護的責任和義務。作為社會的一分子，每個人都要為自己的婚姻負責任。負責任是人性中最美的一種德行。

八十六

優秀女人必備四種氣質：首先要自信，自信的根底來

自於女人不借外力的自我拯救和自我完善。其次要高貴。所謂高貴是指要有靈魂的生活，有道德的準則。第三要善意通達。女人不要把一切都押在感情上，要知道感情只能是生活的一部分，要有感情以外的生活。第四做事要有主見，不人云亦云是高素質女人的表現。在現實的生活的當中，有主見的女人更容易成功。

 ## 八十七

假如說，女人是花，女人更要懂得為自己綻放的道理。不管是白天還是黑夜，為了自己獨具的那種美麗要盡情的綻放，即便是無人賞識也要綻放，綻放是女人高品質生活的一種極好的狀態。

花卉尚能白天黑夜都綻放，更何況人類？

 ## 八十八

判斷一個男人好壞的標準常常是非常簡單，那就是看這個男人是否經常讓他的女人微笑，讓他的女人心情很好。

八十九

在辦公室裏起舞，是有著良好心態女人的正確選擇。一天八個小時在這間像棺材一樣的盒子裏機械的工作，活著就像死了一樣。

當妳從辦公桌旁站起來翩翩起舞的時候，妳就像登上了大舞臺，所有的桌椅板凳檔櫃都是妳最好的觀眾。妳舞掉了疲勞、困倦，舞掉了半死不活的狀態，舞出了向上的精神，舞出了生活的希望。

起舞吧，辦公室的女人！

 ## 九十

職業女性一定要有一定的時間來和孩子交流。孩子不懂妳的官銜、地位、財富，卻懂得妳每次和他交流時的愛心，正是這種愛，滋養著孩子一天天長大。

當有一天妳衰老的時候，妳打開自己過去日子的同時，打開孩子的成長日記，妳會發現一個非常有趣的現象：在妳的日記裏這是平常的一天，妳記下的只是在家陪孩子玩了一天。在孩子的日記裏卻記著這是他最快樂的一天。

這一天對妳不算什麼，對孩子來說，這是他最快樂的一天，最難忘的一天。

母親最大的任務，就是讓自己的孩子快樂的成長。

 ## 九十一

女人的很多不快樂，都是由比較造成的。比如，和別的女人比地位，比丈夫，比孩子，比房子，比車子，比服裝，比首飾——女人比的範圍很廣。但很少有女人和別的女人比自己的學識、才幹、精神高度、思想內容——若是從這些方面相比的女人多起來，女人自己管理自己的能力就會大大的加強，就能自己為自己創造出許多歡樂來。

低層次的比較使女人愈比愈矮。

高層次的比較使女人愈比愈高。

 ## 九十二

寧靜是什麼？寧靜不是一泓清水，不是靜止的白雲，不是沒有響聲的樹林——寧靜是狂風大作、暴雨如注之時，山崖上的鳥巢裏鳥兒聆聽暴風雨時安詳恬淡的神情，這才是生命中真正的寧靜。

對於女人來說，寧靜是在繁雜的外在世界裏，能靜靜

地感受到自己內在的力量。

內在的寧靜才是最大的寧靜。

 ## 九十三

許多女人因為自己的長相不夠美麗而特別不自信，自卑的陰影常常包圍自己，把自己的每一天都搞得非常糟糕。

事實上，無論自己是多麼的不喜歡自己，這個自己都要和自己過上一輩子，一天都不會分離。

與其不喜歡自己讓自己的每一天都不高興，還不如改變自己的慣常思維，變成自己最喜歡自己，哪怕是臉上只有鼻子長得好看，也要格外的珍惜自己。一個女人自己能讓自己高興起來，發現自己獨有的美，才是最重要的事情。

 ## 九十四

愛和溫暖是女人身上最強大的力量，這種力量能夠摧毀一切來自外界的干擾和破壞，讓生活充滿陽光。

一個不懂愛和溫暖的女人是最可悲的女人。

九十五

忙忙碌碌的生活不如井井有條的和諧生活過起來舒服，要過上和諧的生活必須有所放棄，有所堅守才能得到。正是因為有所放棄，才能把堅守的事情做好。

很多女人忙忙碌碌地生活，從不知道停下來思考。所謂思考，就是讓人找到自己應該放棄的東西是什麼，因為人生有限，需要面對的事情又太多，必須有理性的選擇，人生才會走進和諧的生活。

 ## 九十六

假如說哭鬧有利於孩子肺部發育的話，微笑則能使孩子的心靈更好地發育。

一個好的母親，一定是一個培育孩子美好心靈的高手，因為心靈是人類身上最重要的一個部分。

 ## 九十七

在這個世界上，每個女人的孤獨都不相同，每到夜晚，無數個女人面對同一部電視連續劇淚水漣漣的時候，流下的都是屬於自己的眼淚。

每一個女人的孤苦都不相同，相同的是她們都愛面對

著電視流自己的眼淚。這也是女人保護自己的一個很好的方式。

 ## 九十八

高雅的女人為何沉湎於藝術影片中抽不出身來？因為藝術化的電影描述了她夢中天堂的模樣：山水綺麗的大自然風光，溫馨迷人的人性景象，浪漫動人的情感風暴——這一切都給了女人視覺、聽覺和知性的滿足，洗滌了她們被日常繁雜事物擁堵的感覺通道，人生又變得美麗起來。

儘管影片結束後仍要回到那庸常的生活中去，但有精神的天堂在靈魂的前方指路，庸常的生活也變得能夠忍受。

對她們來說，只要有精神能夠享受的東西，活著就是一種幸福。

 ## 九十九

一個女人成長為什麼樣的人，會受其成長背景和環境的影響，但成為怎樣的人全靠自己來決定。

每個女人的命運都掌握在自己手中。

一百

　　婚姻如蚌，是很多人婚後的體會。從結婚到白頭的漫長的婚姻生活中，有過多少艱難曲折，有過多少次動搖彷徨，只有相互的體諒、寬容，用愛來化解一切，婚姻才最終能夠走到白頭。

　　婚姻蚌病成珠，是白頭到老的每一對夫婦的真實寫照。

女人絮語

一個女孩子成長得如何，
是至關重要的事情。
因為，每個女孩子最終都要成為母親

很多優秀的女性在職場的拼殺中，有著用之不完的智慧，可在情感問題上就容易鑽牛角尖，常常在自己制定的框框中走不出來。

其實，很多熟齡未婚女性所犯的一個共同錯誤，就是把情感構想的高度，提到了自己的視線所及的範圍之外。

她們構想的高度，主要來自於童年的童話、成年後的言情小說，還有天下所有男人優點的集合。其實，在現實生活當中，這樣的男人是不存在的。

一個女人內心的平衡應先於情感的平衡。一個內心平衡的女人，很容易處理好情感過程中出現的各種問題，反之，則容易把事情推向極端。在實際生活當中，女人首先要注意的是自己內心的平衡，內心平衡了，不管遇到的是哪一類的問題都能輕鬆化解。

總愛發火的女人肯定是內心的不平衡所導致的。內心平衡應是女人常練的內功之一。

三

每一個現在的女孩子，都是未來的母親。

女孩子的成長過程是漫長的，二十幾年的路程，有甜也有苦。在做母親的準備過程當中，個人的學識、修養、德行、品味，都是需要用心學習和加強的。等到開始做母親時再去做準備，就一切都晚了。

一個女孩子成長得如何，是至關重要的事情。因為，每個女孩子最終都要成為母親。

 四

一個好的母親，首先教會孩子的應該是——什麼是幸福，如何感受幸福。一定要讓孩子明白，幸福是需要創造的，不是用來直接消費的。

做能讓他人快樂的事情的人是幸福的，權利和金錢不一定能讓人更加快樂，不能快樂就談不上幸福。

快樂的人是有理想的，快樂的人是喜歡創造的。只有快樂的做事，才能給人帶來最大的幸福。

幫助孩子找到讓自己快樂的方式，孩子也就觸到了幸福之門。

五

當孩子小的時候，母親一定要多多地陪伴孩子，給他講故事，同他一起玩遊戲，聽他講和小朋友之間的趣事——母親同孩子在一起的時光愈多，愈利於孩子的成長。除了有利於孩子的成長，也是在為孩子製造他未來可以回憶的美麗時光。

人的童年是稍縱即逝的，人類最美好的記憶就是童年，隨著生命一天天的長大，童年成了人的一生中最珍貴的記憶。

六

女人生養孩子的過程是辛苦的，所花費的精力和時間也是最多的，正是因為有了這樣的辛苦，這樣的花費，才有了女人心靈的充實，愛心的長大，生活的快樂。一個新生命給女人帶來的快樂是巨大的，也是金錢買不來的快樂。

做母親的快樂是隱藏在每一次付出背後的，它讓女人成了一個有滋有味的快樂的人。

七

生養孩子讓女人成為了真正的女人，不生養孩子的女人永遠體會不到做母親的歡樂。

這種歡樂是細膩的，是和生活中的每一件事情都息息相關的。孩子的第一次笑聲、第一次會說話、第一次會走路——許多個第一次，讓第一次做母親的女人滋潤成了一朵花。

做女人一定要做母親，做母親才能讓女人成為一個完整的女人。

 八

學會和孩子交流，是做母親必須具備的能力之一。能順暢無阻地和孩子交流，母親的意願就能得到很好的落實。教育好孩子不在於講多麼大的道理，而是在和孩子交流過程中的點點滴滴的潛移默化。

當母親和孩子交流的內容隨著孩子的長大一天天拓寬，孩子就會從心裏充滿被關愛的感覺，他感受到的溫暖也是巨大的，遠遠大於物質上的被滿足。

和母親有著很好交流的孩子，長大後到社會上也容易成功。

九

母親從孩子很小的時候就培養他的閱讀能力，是培養出好孩子的一條捷徑。好的閱讀能力會讓孩子終身受益。

閱讀能力是人的一生中一切能力萌發的出發點。有著好的閱讀能力的孩子，他的學習能力就會很強。一個學習能力強的孩子，做什麼都容易做出精彩。

 十

一個母親必須是高素質的，才能很好的教育孩子。低素質的母親帶出來的孩子，成長起來也就很艱難。

女人一定要將自己的素質全面提升，才能做好母親。因為母親教育

孩子的工程是世界上最崇高的事業，也是最難做的工程。因為工程的物件不是花草樹木、鋼筋水泥，而是一個活生生的人。

 十一

在婚姻生活中，夫妻雙方都應視對方為獨立的個體，每個人都要有自己獨立的空間，還要有一個代表「我們」的第三空間。這樣，婚姻才能很好的運行下去。

十二

人與人最大的差別是脖子以上的部分，因為思想決定了存在，一個人有多高的智慧，就能享有多大的成功。

每個女人需要精心錘煉的是脖子以上的部分，花很大的精力在脖子以下部分折騰的女人是愚蠢的。讓人遺憾的是，現實生活當中，這樣的女人還不在少數。

 十三

在這個競爭激烈而又千變萬化的世界上，作為女人必須有新的觀念、新的方法、新的發明、新的創造，才能過上有意義、有趣的生活。反之，抱著固有的東西不放的女人，肯定會遭到生活的淘汰。

生活是殘酷的，不進則退！

十四

所謂女人味是指女人要溫柔，要有個性：體貼但不謙卑，大方而不嬌氣，自信而有禮貌，柔弱而不受欺負，美麗但有內涵，外向但不張狂，內斂但不自卑，有思想但不驕橫。女人如水，是指溫柔如水，堅忍如水，這些矛盾的對立統一在一個女人身上實現了，這個女人就是一個很具

有女人味的女人。

 十五

愛情的持續，婚姻的美滿，在於夫妻兩人的相互取悅，僅有一方取悅對方，婚姻就無法維持下去。

每一對夫妻都有他們互相取悅對方的方式，這完全是因人而異的。而所有不同取悅方式的結果卻是相同的，那就是婚姻的美滿。

 十六

很多女人把維護婚姻當做了人生的第一要義，為了婚姻不停地付出。而婚姻的成敗畢竟取決於雙邊的關係，有一半的不可控因素。因此，建立在失去自我之上的不斷付出所維持的婚姻，只能給女人帶來更大的傷害。

 十七

破碎的婚姻給女人帶來的最大的好處是：她們的心理承受能力都有了長足的長進，變得更為勇敢、溫柔、智慧和有信念了。這是女人有力量調整自己的表現。可以預見，下一段美麗的婚姻就在前方悄悄的等待著她們。

十八

在過去，女人作為一個脆弱而美麗的個體，面對強大而邪惡的世界，無非有兩條出路：等待被拯救或者自我毀滅。時代發展到了今天，堅忍挺拔成了女人的品行，她們失去了被憐惜的特權，從而獲得了新生，在經濟獨立的同時，也獲取了自己的尊嚴。

在她們遇到挫折的時候，選擇不再是只有兩條，而是有許多條。

 十九

為了舊傷而淌出新眼淚的女人是愚蠢的，自己給自己找不快樂是極為不明智的。

生命中過去的一切都永不再回來，掌握住現在的自己，讓自己快樂起來是最為重要的事情。

 二十

一個婚後的女人假如有幸福的感覺，整個家庭都會充滿了幸福的味道。

女人的幸福感對家庭氛圍的營造至關重要。女人的幸福感從哪裡來？一是來源於對方的關懷，二是來源於兩個

人對家庭的共同努力，三是來源於女人素質的不斷提高。

 二十一

對死亡的準備是每個智慧的女人都應該有的。就是因為知道了死亡是生命中必然會發生的事情，是大自然鐵定的規律，任何人也逃脫不掉，才必定會從思想上蔑視死亡，從而把自己生命的每一天都活出精彩來。

一旦有了這樣的思想高度，女人看待生命就有了居高臨下的感覺。

 二十二

在職場打拼到三十多歲的女性，最重要的是制訂好個人的職業生涯規劃，建立起自己的人際關係網，形成個人獨有的工作風格，不斷提高自己的學習能力，溝通能力，管理能力，決斷能力，自信心，意志力，堅定不移的耐力等，一旦條件具備的時候，自己就能夠得到很大的提升。

這一切都需要有一個穩固的後方，一定要把家庭安置好。假如一個女人沒有能力把家庭問題處理好，在職場上也絕對不會優秀到哪裡去。

二十三

做男上司的貼心人，決不做男上司的情人，應是職場女性牢記的法則。

貼心人是指要心如髮絲，工作中的任何細節都不放過，一心一意為自己的上司賣力，遇到問題時，出主意，想辦法。但一定要和男上司有距離，不該知道的事情，要有意地去躲，有時候，知道的事情多了，不是什麼好事情。

職場智慧的高低，決定了一個女性職場的未來發展趨向。

 ## 二十四

世上有兩種溫暖，一種溫暖別人能夠看得到，如平常人們都能看到的善意行為，另一種溫暖只有自己能看見，如匿名的善舉。

多做溫暖別人的事情，既溫暖了別人也溫暖了自己。生活中，無論是哪一種溫暖，都能給人間帶來比春天更美的人性溫暖。

二十五

人生有三個層次，一是損人利己，二是利己不損人，三是損己利人。道德層次愈高，個人經歷的自我撕裂也就愈尖銳。所謂聖賢，是針對他們的道德層次而言的。

作為凡人，見賢思齊是做人的根本。每個女人都應該經常捫心自問：自己是在哪一個人生層次上？做人做到損己利人，便是把人生做到了最高的層次上。

 ## 二十六

一個女人要做到婚姻內、婚姻外都是快樂的，就必須要有自我控制、自我調節的能力，要有自我安撫、自我愉悅的本領。只有這樣，才會有女人一生的快樂。

 ## 二十七

歲月悄悄地偷走了人的一切，最可悲的是它偷走了人的夢想。沒有夢想的日子，人活得如同稻草人。

人和歲月作戰的武器，只能是不停地為自己創造夢想，以抵禦歲月的偷襲。

只有不停地為自己創造夢想的人，才可能有充實幸福的晚年。女人在感歎歲月偷走自己容顏的時候，在意過自

己的夢想嗎？它可是比容顏更為重要的東西啊！

二十八

在所有的聲音中，最悅耳的莫過於人的掌聲。在所有的掌聲中，最起作用的莫過於自己給自己的掌聲。別人的掌聲如一陣風吹過，只有當時的爽快，什麼都沒有留下，而自己的掌聲將永遠鞭策著自己前行。

女人啊，千萬不要忘了為自己鼓掌。

二十九

用微笑去對待生活，你周圍的人可能會因為看到你的微笑而心情變好，你自己會因為微笑而使自己的生活變得更加富有生氣。

女人的微笑是開在世上最美的花。

三十

善良是女人品質中最重要的元素。雨果說：「善良是歷史中稀有的珍珠，善良的人幾乎優於偉大的人。」善良在女人身上的作用更大。一個善良的女人一定會營造一個善良的家庭，帶大一個善良的後代，並將善良子子孫孫傳

下去。

　　播種善良就是收穫希望。

 ## 三十一

　　所謂愛人，就是那個瞭解了你的優點和缺點，卻仍舊還愛著你的那個人。他不會因為你的缺點而放棄你，而會因為你的優點而格外珍惜你。

 ## 三十二

　　無聲的交流常常是家庭中會出現的一種情景。當一個女人溫情地凝視自己的丈夫、自己的孩子的時候，當和他們一起遊玩而不用語言交流的時候，寧靜的美就會在這個家庭中流淌，他們的心緊緊地融合在了一起。

 ## 三十三

　　把傳播友善當成是生命中一種必需的時候，女人就會變得非常可愛了，這是女性修養中很重要的一條。

 ## 三十四

　　一個女人在這個世界上生活，大部分時間都得自己走

自己的路，即便是婚姻也好，即便是有子女也好，他們能給女人的攙扶都是有限的，都是可遇而不可求的。一定要學會自己走自己的路。自己練出讓自己充實、快樂的本領來，一個女人就會有高品質的一生。

 ## 三十五

女人要學會看動畫片，不管有多大年紀了。動畫片能調動你的笑神經，一天能大笑幾次，比任何營養品都好。

 ## 三十六

自己成為自己的朋友，看起來是很簡單的一句話，卻蘊涵了人生的百種滋味。這種狀態讓自己永遠地擺脫了孤獨的纏繞，也有可能讓自己成為很多人的朋友。

 ## 三十七

尹壁鳩魯說過：「為了得到真正的自由，你必須成為哲學的奴僕。」一個全身心地皈依哲學的人，他就獲得了徹底的解放。精神的服膺是一個人最大的自由。

因為這個世界上喜歡哲學的女人太少，從精神上追求快樂的女人也就屈指可數了。

三十八

一個女人的思想倘若達到了這樣的境界：除了精神之外，任何東西都不值得自己羨慕。在她看來，精神所具有的感人的力量，足以抵禦任何來自物質的力量，這個世界就多了崇高和美好。

一個有思想的女人是這個世界的珍寶。

 ## 三十九

生活中的快樂都是需要尋找的，生命中的磨難卻是不找自來的。這是生命的真實狀態。會找樂子，自己能讓自己快樂，是生命的一大智慧所在。

人生當中，快樂不去尋找是很難自己產生的。

 ## 四十

人們賴以生存的這個世界，永遠都是以對立的方式持續進行著的。晴空之後是陰雲，風暴過後是寧靜，黑夜過去是白晝──任何一個人有再大的能力也無法改變所生存的這個世界，唯一能夠做到的是培養自己崇高的心靈，規範自己的行為，使自己活得像是一個文明教化過後的人，使自己的意志與大自然和諧一致。

四十一

時尚女人永遠只有兩種。

一種是外在的時尚，集各種時尚裝備於一身，就以為自己是非常時尚了。另一種是內在的時尚，她們把追求新的觀念、新的生活方式、新的表達方法，都當成了生命中最為重要的事情。

只有兩種時尚元素都具備的女人，才可能具有真正的美。

 四十二

因為有了世界盃足球賽，女人終於可以像男人欣賞女人一樣，全方位地欣賞男人了。在當今的社會背景下，一個不可否認的事實是，男人的價值觀依然在左右著整個社會，女性被當做符號漫天張貼，雜誌、報紙、網路、電影、電視、廣告——處處都充斥著對女性的文化暴力。女人身上所有的部位，都會被這個世界指手畫腳地評來評去，沒有人會講到女人的精神世界如何，多講的是她們物質的身體和物質的慾求，整個社會都在導引著女人在物慾的泥潭裏拼命撲騰，最終的結果是使她們完全喪失了自己

獨立思考的能力。當這個世界的一半失去了思考能力之後，只能還是由男人來統治這個世界。這是對女性施行文化暴力背後深藏的目的。有多少女人在這樣的導引之中，飛蛾撲火一般，奮勇地撲向那物慾的大火，決不會有鳳凰涅槃的境況出現，其結局只能是灰燼一片。對女人不能全方位地欣賞，尤其是對女人精神世界欣賞的缺失，是當今社會的一大缺陷。

因為有了世界盃足球賽，女人終於有了對男人指手畫腳的機會，舞臺上表演的全是男人，他們的髮型、長相、肌肉、球技都可以大談特談，足球賽中，男人的進攻、防守、角球、頭球、任意球、點球、手球——他們拿出了十八般武藝來展示自己的英武，女人可以痛快淋漓地大飽眼福。儘管看球的女人多是「偽球迷」，但她們能看出，足球場上進行的是一場不流血的戰爭，戰場上硝煙彌漫，金戈鐵馬，短兵相見，無刃而搏，豪氣沖天，激情四射，這些都是令女人非常激動的景象。在足球場這個舞臺上，男人把他們身上所有的大美，包括精神上的美都展露無遺。給了女人視覺和知覺的最大享受。

假如說，女人對足球場上男人的視覺美是一種低層次享受的話，對男人的激情四射、頑強拼搏、奮勇向前精神

的欣賞，便是一種高級的精神享受了。

足球場上的男人們用他們飽滿的鬥志、昂揚的精神，譜寫了人類精神世界裏最美麗的篇章。看球如看人生，都是在一種局限中上演成功與失敗，足球場上無論成功與失敗，都是激情譜寫的人類精神的華章，這也是足球最為吸引人的關鍵所在。

這個世界少了男女任何一方都不能成為世界，男人和女人應該是互相欣賞、互相鼓勵的對象。只有雙方對對方都是全方位的欣賞和讚美的時候，才會有和諧美麗的世界出現。

 四十三

將愛情進行到底是女人一生的夢想，這卻是女人最容易破滅的夢想。愛情像世界上所有的東西一樣，絕對沒有永遠。這一點，女人知道得愈早，自己做的準備就愈足，當失去愛情的時候，失望的情緒就能很快地得到調整。

女人要永遠記住：活出高品質的人生，愛情只是生活的一個方面，決不是生活的全部。

四十四

很多女人都把美麗當做了終身的事業，減肥瘦身、美容養顏、健身美體、香薰水療——所做的這一切，都是怕歲月留痕，怕失去魅力，但誰又能擋住歲月的侵襲呢？

把美麗當做一種事業，總比空虛無聊待著有意義。生活是不能坐下來細想的，尤其是女人，當感性的經和著理性的緯一起編織的時候，那就是一張密密的大網，牢牢地覆蓋在女人的天空，思考除了帶給女人無助、無奈的感覺，還能有什麼呢！假如你不能把思考當做一種享受來享用的時候。你能在你生存的這個社會上行走嗎？你能擺脫你生存環境的制約而獨立存在嗎？

做一個感性、美麗的女人卻要簡單得多，明知和歲月抗爭沒有什麼用，還是要抗爭，為的只是擺脫日常生活的無聊！

必須是獨特材料構成的女人，才能把思考帶來的痛苦當做一種享受來享用。

 四十五

女人表面柔弱，其實骨子裏非常堅強。女人身上最偉

大的地方是滴水穿石的毅力，是百折不撓的勁頭，是寬於
海洋的母愛，是孤獨寂寞之時的自我掙扎，是百無聊賴之
時的自我解脫。

 ### 四十六

能夠掌握住自己生活航船的航向向前行走的女人，生
命的果實在時間的海洋裏就會變得更加甘甜，反之會很快
的枯萎。女人不要怨天，不要怨地，一切都在自己。

只有自己才是自己命運的主宰。

 ### 四十七

「女為己容」、「悅納自己」是這些年較為流行的女
性自己為自己提出的口號，這種口號是解除女人心理負擔
的靈丹妙藥，是心靈美麗的一種表現。心靈美麗、方法美
麗、生活方式美麗，是女人有較高的生存品質的重要保
證。

女人必須先有心理上的健康，才會有其他。

 ### 四十八

一個有思想的女人真正的絕望，不是容顏的凋謝，不

是軀體的衰老，不是情愛的流失，而是自己想像力的消亡。它讓女人的靈魂再也找不到一個支點，在空蕩蕩的荒野裏呼號的靈魂再也沒有了家。

這樣的活著和死了沒有什麼兩樣。

四十九

任何人都控制不了自己衰老的過程，那是生存的必然，是上帝控制的，但讓自己變得聰明起來，卻是自己能夠控制的。

活著，一定要明白自己什麼東西可以控制，什麼不可以控制。能控制的自己盡最大的努力去做，不能控制的讓它自由發展。

五十

在音樂世界裏，我們發現自己，找到夢想，找到了已經丟失的美好的東西——每個追求生活品質的女人，都應該有著對於音樂由衷的熱愛。在音樂中，忘卻了生存的無奈，瑣事的煩擾，日常的庸俗——只有美妙的旋律在包圍著自己。你想像自己臥在藍天白雲間，在晴好的天空裏翱翔，想像自己騎在黑色的駿馬上，在開滿鮮花的草原上恣

意的徜徉——到處都是美妙的景象，你枯萎的想像又扇起了翅膀。

儘管音樂停止後，你仍要回到這個枯燥無味的現實生活中來，但在音樂中旅行過的精神大不一樣，你開始有了一種被徹底洗滌過的感覺，心情也變得繽紛起來。隔上一段時間來一次心靈的音樂護理，靈魂就有了一定程度的保鮮。

音樂對於女人是最重要的日常精神滋養。

 五十一

書籍應是女人日常生活的一部分，書讀到「閒時」方是讀書。為學歷、為學位、為職稱等名利而讀的書，都不叫真正的讀書。

真正的讀書是讀閒書。讀那種能夠滋養心靈，能夠給精神打開亮窗，能夠讓心靈安放，能夠給想像插上翅膀的讀書，這才是真正的讀書。

 五十二

很多女人的包裏有粉餅、有口紅、有香水，就是沒有一本書。有的女人出外旅行，拉著的大箱子裏有各種各樣

的服裝，多種多樣的日常用品，就是沒有一本書。

其實女人最好的化妝品就是書籍，女人最好的心靈衣裳就是書籍。

讀書能去掉女人身上很多與生俱來的壞毛病，從而把女人塑造成蕙質蘭心的模樣。

誰都不能阻擋女人衰老的步伐，讀書可以讓女人的心態變得年輕，變得能夠看輕年齡增長帶來的煩惱，變得能夠重視自己的心靈狀況。

一個重視自己心靈狀況的女人，怎麼能不讀書呢！

 ## 五十三

世界上最貧窮的女人不是她擁有的東西不夠，而是她永遠在追求財富。她總是在覬覦他人之物，時刻算計的是她尚未到手的東西。她每天都惶惶不安，沒有時間去享受本該享受的東西，她的內心是嘈雜的，是不能得到安寧的。

沒有內心安寧的女人，擁有再多的財富也是乞丐。

 ## 五十四

總是忙忙碌碌和始終疲疲澀澀的女人，都是不值得稱

讚的，只有忙碌的女人能夠做到做事從容，疲憊的女人能夠認認真真的做起事來，才是女人最好的狀態。

任何事情走向極端，都不是智慧的做事方法。

 ## 五十五

聰慧的女人一定是活在現在的，她不會為過去的事情至今懊喪，也不會為明天的到來而惴惴不安。她悠然地活在當下，享受著生活與生命的歡樂和痛苦。

生活中，只有每一種滋味都嚐過的人，才能知道甜蜜的珍貴。

 ## 五十六

一個女人長大成為母親是快樂的，在長成母親的過程中，是甜蜜多於苦澀的，因為這時有愛情的夢想在忽閃著翅膀，每一種幻夢都會帶來歡樂，每一種期待都會帶來甜蜜，生命在飛翔的翅膀上找到了美麗的感覺。這種感覺，是女人的生命在這個特殊階段的特定產物。

 ## 五十七

每個女人都應該知道，生活不是一件舒服安逸的事

情，它是一條曲折而漫長的道路。在這條道路上，每個人都有可能摔跤、滑倒，遭受到暗算、打擊、報復——除了這些，你還會有對生活疲倦的時候，有你倍感孤單的時候，有你無助無奈的時候，直至老年，直至走向墳墓的時候，這就是一個人的全部生活。在這樣每個人都可能完全相同的生命鏈條裏，不斷地尋求自己的個性特徵，尋找到自我快樂的方式，堅強地走完人生的全部，就是女人自己創造的生命奇跡。

 ## 五十八

人在年輕的時候，覺得一天過得很快，一年過得很慢。到老年的時候，恰恰相反，每一天對於老年人來說都是那麼漫長。

每個女人都有年老的那一天，用什麼來打發那漫長的一天又一天呢？

良好的心態，豐富的生活內容，多種多樣的消遣方式，才是愉快地度過每一天的法寶。

 ## 五十九

什麼也沒有比內心的冷漠更為可怕，外在的寒冷，人

們總有辦法去克服掉，而內心的寒冷，會活活把人給凍死。

　　為什麼從內到外都散發著熱情的女人，更招人喜愛呢？因為，她們散發著比所有的光和熱都暖和的人性的溫暖。

 六十

　　所有的愛情都是由上半身開始的，然後才有上半身和下半身的契合，才會有完美的愛情出現。

　　所有的分手也都是由上半身開始的。生活理念的不同，精神境界的高低——

　　女人靠下半身是永遠留不住男人的，女人最美的地方還是上半身的核心——精神部分。妳的智慧，妳的才華，妳的風趣幽默，妳的自信，妳的超脫，妳的寬容，妳的善良——

　　天下所有的女人，把精力用在打造上半身的精神部分吧，這樣，你才能得到情愛的呵護，得到靠智慧獲取的豐碩成果。

六十一

　　沒有人能夠擁有世上所有的智慧，智慧是深藏在每一個人的思維當中的。每個人的智慧都是有限的，只有所有人的智慧集合起來，才會有大的智慧。向身邊的每一個人學習，終身不倦的學習，是每一個人最好的生存狀態。

 ## 六十二

　　等待機會來找自己的人，不如自己創造機會更加迷人。一個能為自己創造機會的女人，是值得讚頌的，世界上的美有許多種，唯有創造這種美是所有的美中之大美，因為它將平凡轉化成了神奇。

 ## 六十三

　　一個人的成長環境是極為重要的事情，因為，環境的大小決定了人成長的快慢。

　　據說有種日本鯉魚，放到小魚缸裏，它只能長到兩三寸長，而放到大江大河裏，它可長到幾尺長。

　　人的成長環境較為複雜，它是由精神、情感以及物質方面的條件來決定的。對於人類來說，限制其成長的不僅僅是外部世界，更是自己的內心世界。只有不停地拓展自

己的內心世界，才能獲得更好的外在環境。

　　相比動物來說，人類對自身成長環境的要求更為複雜。

 ## 六十四

　　一個女人應該知道，自己永遠都不可能讓別人來愛自己，自己能夠做到的，就是讓自己變得更加可愛。

　　和可愛的女人相處，如沐春風，如飲甘霖，從裏到外都可愛的女人，無論何時都是一處絕佳的風景。

 ## 六十五

　　一個澳大利亞的名叫茉莉的女人，在一個桃花源般的小鎮上，默默無聞地活到了八十歲，她一輩子的生活都是聽從別人的安排。她非常渴望過一種和她原來的生活不一樣的生活。

　　八十歲那年，茉莉賣掉了房子，遷到了繁華的都市，開始了自己做主的生活，聽音樂會、看歌劇、參加各種各樣的社會活動，最後，她成了名人。八十八歲那年，茉莉出任了城市議員。她九十歲死的時候，在墓碑上刻下了：一九九〇年出生，二〇〇〇年逝世。

茉莉儘管活了九十歲，可她認為，自己的年齡應該從自己過上自己最想過的日子那天算起。

每個女人都要有茉莉的這種勇氣，過自己想要的生活，不論從生命的哪天開始。這才是女人最大的幸福所在。

 ## 六十六

一個完整的女人，一生主要面對的是三個對象：工作、丈夫、孩子，這三個支點支起了女人人生的大廈，僅把精力放在一個支點上，忽略其他支點，女人的整個人生就會發生傾斜，直至最後倒塌。均衡用力是女人的智慧所在。

 ## 六十七

人生其實就是一個經營的過程，有的人經營利益，有的人經營感情，有的人經營幸福，有的人經營密謀——不同的人用自己的人生觀決定了自己應該經營什麼。每個女人都應當常常問問自己，經營的究竟是什麼呢？

六十八

好的婚姻靠誰呢？靠的是婚姻中的女人。

如果，一個女人婚後的心理狀態是和諧的，就能夠很寬容地對待生活中發生的很多事情，能夠理性地判斷出哪些是自己能管的事情，哪些是自己不能管的事情。能管的事情自己堅持管下去，不能管的事情任它灰飛煙滅，婚姻中的很多危機都能平穩地度過，婚姻這條船就會躲過暗礁，直駛幸福的彼岸。

婚姻這條船的舵手是女人。

 六十九

生命在於運動，女人每天一定要騰出時間來運動，才能保證自己能夠充分地享有生命的快樂。在今天的生活當中，只要有了錢就可以買到想買的一切東西，只有一件東西哪裡都買不到，那就是自己的健康。

西方有句名言：「騰不出時間運動的人，早晚會被迫騰出時間生病。」說的就是運動對人生命的重要性。

 七十

生活在競爭激烈的社會裏，一個重要的人生策略，就

是善於看輕自己。總覺得自己了不起，是個只能做大事的人，最終的結局很可能是一事無成。

　　這個社會不會因你的雄心勃勃而改變，它自有著自己運行的軌道。看高自己的人，最容易有人生的挫敗感，壓抑的壞情緒就會時時陪伴著自己。與其這樣，還不如人生低姿態一些，把自己當成芸芸眾生中的一分子。踏踏實實的做事，最終會一步一個腳印的攀上屬於自己的人生高峰。

 ### 七十一

　　每個人除了自己有限的人生，什麼都沒有，身外的一切都是過眼雲煙。一個人的誕生，只是說明又一個人的有限的人生開始了。

 ### 七十二

　　當一個女人的孤獨是因為她對自己的來源和歸宿都找不到答案，感到自己是天地間的一個沒有根據的偶然性的時候，她的孤獨就是絕對的，是形而上的、哲學性質的孤獨。這種孤獨是人世間的一切情和愛都無法解除掉的，這種痛苦只能是由她本人默默的承受。

上帝給了人多少智慧，就給了人多少痛苦。

 ### 七十三

世上容易擺脫的孤獨是孤旅天涯，是四處漂泊，是無伴的心傷，是無愛的苦痛──這些孤獨感在生活中都能找到解決的辦法，只要人願意去找，總能找到解脫的辦法。當這種短暫的、容易擺脫的孤獨能夠擺脫的時候，常常會給人帶來莫大的喜悅。

 ### 七十四

沒有智慧的女人，像沒有翅膀的鳥兒一樣無法飛翔，沒有美麗外貌的女人，只是像羽毛不夠漂亮的鳥兒。

只要有了翅膀，即便是羽毛不夠漂亮，一樣能夠翱翔藍天，一樣能夠發出自己動人的歌唱。

 ### 七十五

女人啊，假如一個男人是因為妳的聰明能幹而拋棄了妳，沒有什麼可惋惜的，這只能證明這個男人的怯弱和無能。智慧不在一個層面上的婚姻，早些擺脫是一件幸事。

不要相信「女子無才便是德」那句鬼話，女人有才才

能通行天下。

　　失去了智慧不對等的婚姻，相信下一次婚姻一定會更好。

 ## 七十六

　　高雅的氣質，不俗的談吐，豐富的內心世界，這些給女人帶來的不是引人注目，而是接觸後的令人難以忘懷。

　　這樣的女人才是女人中的上品。

 ## 七十七

　　一個女人三十歲以前的外貌是父母給的，三十歲以後的外貌卻是自己給予自己的。因為不是美麗選擇了這個女人，而是這個女人選擇了美麗。

 ## 七十八

　　一年四季，每個季節都有它的迷人之處：春天百花盛開，萬紫千紅，夏季雷雨閃電，彩虹高懸，秋季天藍雲疏，碩果累累，冬季白雪皚皚，梅香暗送。善於在每一個季節中找出美麗的女人，在生活中也一定能夠發現生活獨特的美麗。

七十九

只有專注於一樣事情，才能把這件事情做好。今天想做這個，明天想做那個的人，終於是什麼也沒有做好。在有限的人生中，留下的永遠只能是遺憾。

 ## 八十

生活中，每天都是假期的生活同樣不能讓人忍受，讓人舒服的事情永遠是工作之後的休息。只有工作的勞累，才能換得休息的愜意。工作和休息永遠是一對好兄弟，少了任何一個，人生就無法美麗。

 ## 八十一

所有童話故事的結局，都是王子和公主結婚了，達到了大團圓的喜劇效果。結婚以後的王子和公主幸福嗎？沒有人再講述這樣的故事。事實上，他們婚後的故事應該比婚前更為曲折，更容易出現問題。只是沒人告訴已從小孩長大的成年人罷了。

兩難的狀況是把一切都過早的告訴孩子，尤其是說他長大後會有很多苦惱，會使孩子的童年失去明亮的色調，不告訴孩子，等到他長大，自己面對諸種苦惱到來的時候

才明白一切，他就會有幻滅的感覺。

人生其實就是在兩難的苦海中撲騰。

 ## 八十二

情感就像燒火一樣，需要不斷地加薪。如果只是一味消耗，不能給予新的東西，再好的感情也會慢慢地消耗完，只剩下一大堆煩惱讓人痛苦。

 ## 八十三

在生命的當下創造美好的東西，會給未來的生命帶來美好的回憶。沉浸在美好的回憶當中，常常讓人忘卻生活中的困頓，會給枯燥的生活點上一抹亮色。人在年輕的時候，一定要為自己的生命創造可以回憶的資本，等華髮已被秋霜染盡的時候，還會有美好的回憶在等著自己一小口一小口的品嚐。

這才是生命最愜意的事情。

 ## 八十四

家務事是每一個婚後的女人必須要面對的問題，任誰都躲不掉，有錢雇人做另當他論，對一般的年輕人來說都

要自己負擔。面對著一天天都要做的拖地和洗碗，這種沒有任何創造性的勞動，誰都會煩得要命。

在最初的新鮮感過去之後，女人要學會約法三章：哪些工作是自己該做的，哪些是男方該幹的，要定一個規矩。兩個人都分擔著做一些家務事，不但能給兩個人帶來身體的健康，還會給家庭多一些快樂，婚姻多一份安全。

 ## 八十五

女人大都有愛照鏡子的習慣，殊不知生活就是一面照耀自己的大鏡子，妳對它笑，它就對妳笑，妳對它哭，它就對妳哭。每個人都是自己鏡子的主人，沒有人能夠替代。

 ## 八十六

人生要不時地跳出生活原有的模式，用外人的眼光來打量它，以發現自己的不足，換言之，叫人生求變。人生必須有變才能活出高品質，變的動力就在於創新意識。

有創新意識的人生，才能活出精彩！

八十七

聽德彪西的《月光》，彷彿行走在一條幽靜的山間小路上，清澈的月光灑下來，伴著路邊小溪的輕唱，大自然是靜謐的，月光是輕柔的，銀色的月光和著溪水的流淌，構成一幅「鳥鳴山更幽」的寫意圖。

 ## 八十八

e 時代的淑女標準，不再是小家碧玉型或大家閨秀型，這個標準是變化的，是女孩不同時段對自己不同要求的滿足。

有的女孩白天是淑女，晚上是酷女，有的女孩工作前是淑女，工作後成了「作女」，有的女孩一半是淑女，一半是俗女。每個女孩都會因自己的工作情況、環境情況，不停地變換自己的面孔，這是社會生活使然。現實生活中的她們，沒有辦法把自己按照一個標準固定下來，這是當今生活中女孩子的實際狀況。

 ## 八十九

顛覆媒體上千篇一律地向眾人傳遞女性嫵媚形象的是生活中另一類女性形象，她們有學識，有見識，有自信，

敢愛敢恨，有樂有苦，她們是活得最真實的女人。她們厭惡媒體上一律笑靨如花、嫵媚如花的面孔，那些面孔只是一群被媒體操縱的牽線木偶，而在生活中活得勃勃有生機的女人，才是活出了人生的味道。

 九十

快樂是買不來的，這是眾人都知道的真理，但快樂卻可以從日常生活中去尋找，比如在一次運動之後，在一次看藝術片的過程中，在聆聽一段動人的古典音樂之後，在讀到一本讓自己怦然心動的好書之後——快樂隨處可找，只看自己能否去發現那些快樂。

 九十一

這個世界少了男人少了女人都不能成為世界，男人和女人永遠是互相欣賞、互相鼓勵的對象，只有雙方對對方都是全方位的欣賞，才會有真正的男女平等的美麗世界出現。

 九十二

面對人生最終都是要走向消亡的現實，生活中的那些

爭名奪利、斤斤計較，就會覺得非常的沒有意思，可生命當中，真的不對那些名利有所關注，不為日常生活中的瑣事去計較，人生就少了一些附麗，少了一些內容，關鍵是要把握好一個「度」，才能在有限的人生中，活出屬於自己的味道來。

 ## 九十三

一個女人是否成熟，一個很重要的標誌，就是看她是否下工夫去打造她那顆年輕的心，而不是花時間在臉上下工夫。

肉體永遠抵擋不了歲月。

 ## 九十四

童年的回憶是一個人一生的珍寶，它能給人生不同的階段帶來愉悅和享受。

給孩子一個美麗的、值得回憶的童年，是每一個母親的責任。

 ## 九十五

對一個孩子來說，真正的家，也許不是他出生的地

方，而是使他成長、使他改變的地方。「生母沒有養母親」，說的就是這個道理。伴隨一個人成長的東西才是最重要的，也是他永遠難以忘懷的。

 ## 九十六

善良是女人身上最具有輻射力的一種品質，當女人用善良的心去對待生活中的每一個人的時候，就會有無數顆善良的心來對應她。儘管她不求回報，但善良總是會得到回報的。

 ## 九十七

生活就像一朵玫瑰，每一片花瓣代表一種幻想，每一根刺昭示一個現實。沒有幻想、沒有現實，都不能代表生活的圓滿。

當一個人搞清楚了花瓣和刺的關係，就完全理解了生活。

 ## 九十八

好心情和壞心情交替著來，人不可能每天都是好心情，也不可能每天都是壞心情，這兩種情緒交替著把人生

填滿，是每一個人的生活常態。

　　任何一個人都不要幻想每天都是好心情，因為那是不可能發生的事情。

 ## 九十九

　　女人成熟的美，應表現在自己的內在美上。它沒有閃光的外表，內在的光芒一點點的放射出來，雖不閃亮卻很持久。

 ## 一百

　　世上沒有永遠的愛人，正如沒有永遠的敵人一樣，生活中的一切都是流動的，變化的。一個人能夠做到的只能是把握住自己，讓自己在這個永遠流動的生活中不至於找不到方向。

　　只要能夠把握住自己，就能在流動的生活之流中，隨著歲月快樂的向前走。

快樂真諦

快樂的人是有理想的，
快樂的人是喜歡創造的。
只有快樂的做事，
才能給人帶來最大的幸福。

一

家庭是女人一生的職業。女人從生下來就是為建立一個新家庭而準備的。

有的女人善於經營，把一個家庭治理得溫暖如春，孩子和丈夫都能得到生命的快樂。不善於經營的女人，把家庭搞得像一個冰窖，丈夫和孩子都不能得到很好的成長。這個家庭就是失敗的。

一個家庭的成功與否，關鍵在於女人，一個集各種能力於一身的女人，才會有經營好一個家庭的資本。

 二

婚姻是人年輕的時候下的最大的賭注。理性掌控的婚姻，可能會挽回些損失，頭腦發昏締結的婚姻，常常會成為雙方頭腦清醒後的悔恨，離婚就在所必然。

 三

婚姻是需要成長的，需要在鬥爭、摩擦、眼淚、憤怒、絕望中一點點的成長。沒有一樁婚姻是不經過風雨而得到成長的。每個婚姻都要經歷這樣一個過程。

四

　　快樂其實是一種境界。古希臘有個故事說：一群年輕人四處尋找快樂，卻都遇到了煩惱、憂傷和痛苦。他們向蘇格拉底求教：快樂到底在哪裡？蘇格拉底並不直接回答他們的問題，而是說：你們還是幫我造一條船吧！

　　年輕人開始造船。船造好下水的那天，他們把蘇格拉底請上了船。他們合力搖槳，他們邊搖邊唱。

　　蘇格拉底說：孩子們，你們快樂嗎？年輕人答：快樂！蘇格拉底說：快樂就是這樣，它就在你為了一個明確的目標忙得無暇顧及其他的時候突然到來。

　　學會快樂既是生活的技巧問題，更關乎思想境界的高低。在一件終於做成的事情中，你一定會發現快樂！

 五

　　我們為什麼要歌唱？是因為我們要給心靈一個訴說的機會。只有心靈的訴說才是真正的歌唱，俄國鋼琴家拉赫瑪尼諾夫說：「心靈是無法用力度符號標注的最高級表情的源泉。」

　　千萬種複雜的心靈情緒，變成了一種歌唱，從人們的

心靈裏迸發出來，那是世界上最美最美的聲音。

 ## 六

成年人的悲哀在於他再也沒有不知道謎底的謎語可猜，一切都看明白了，一切都不再希望。沒有期盼的人生最可憐。

 ## 七

最讓人失望的女人，是徒然長著一副漂亮的外貌，不張嘴說話，你可以對她有無數多種美麗的想像，一旦開口，一切都完了。

美麗對女人來說，只能是外在和內在的高度統一。

 ## 八

享樂是藏著

子的香噴噴的誘餌，讓你不知不覺地吞下去，從此你就偏離了原來的生活軌道，走上一條被享樂牽著鼻子走的道路，從此你就會丟掉身上一切美好的東西。走到最後，什麼也沒有留下。

九

一個人沒有自己的計畫，就肯定會成為別人計畫中的一部分。每個人的生命中一定要列出自己詳盡的生活計畫，一步一個腳印地向前走，只有這樣，你才能是自己生命永遠的主宰。

 十

對一個人的生命個體來說，世上只有兩位暴君：一個是時間，一個是金錢。它們可以掠走你的一切，從不給你打招呼。

 十一

在物質世界裏，黑暗中看不見的東西在光線下可以看得很清楚。在人生的世界裏，光線充足時看不見的東西，在人生黑暗的時候卻能看得很清楚。因為人生既是物質的又是精神的，所以就有了它的獨特性。

 十二

勇敢是什麼？勇敢不是意味著不知道害怕，而是明知道危險，自己心裏很害怕，但還是去做了自己認為應該去

做的事情。

這個世界上，不知道害怕的人只有一個，那就是上帝。

 十三

生命最年輕的時候，不是一個人的生理年齡，而是他的心態。

一個人可以在很老很老的時候，開始學一樣很新的東西，他興致勃勃地學習熱情，不是證明了他的生命很年輕嗎？

在生命的任何時候，心理狀態的年輕與否都是最重要的。

 十四

一個人不付出任何東西的時候，就不要要求得到任何東西。這個世界是由付出和得到同時出現，才變得合情合理的。

 十五

太信任別人，容易受到欺騙，誰都不信任，會活得非

常痛苦。一個人的生活中，總要有那麼幾個他最信任的人成了他最好的朋友，從而減輕了他的痛苦。所以，人生一定要有朋友。

 十六

　　金錢可以給人帶來快樂，也會給人帶來痛苦。如果你是金錢的主人，就會有很多快樂，如果你是金錢的奴隸，就會有很多痛苦。金錢同時具有兩面性，只看你怎麼使用它。

 十七

　　過上一段時間，開一個假面舞會，對人的身心都會有極大的好處。這種場合便於宣洩平素壓抑的東西，能使人的內心有相對的平衡。只有平衡的內心才會生出理性來，只有理性才能控制住感性的氾濫。

 十八

　　女人對美的追求應當是無止境的，尤其是對內在美的追求，這種追求是滲透在生活的各個方面的。

十九

聰明的女人在外是精裝版，在家也是精裝版，只是版本上有所區別，在外是精明能幹版，在家是溫柔賢慧版。

哪個男人不希望擁有這樣聰明而又美麗的女人呢？

 二十

婚姻中有了錢，有了權的男人，就很難再對自己的老婆好了。在男人無意形成的三條規則裏，要麼有錢，要麼有權，要麼對女人好，當他已具備前兩條的時候，決不在乎最後一條能否兌現了。

男人在什麼都沒有的情況下，最容易兌現的就是對女人好。

平淡夫妻常會有感人的故事出現，原因在於男人只有一樣好。

 二十一

選擇半徑的長短，決定了一個人一生的圓究竟能畫多大。婚姻如此，生活亦如此！

二十二

死亡是生命永恆的伴侶，從生命誕生的那一剎那間便出現了。它「白色的光輝」時刻潛伏在「肉體的黑暗」中。童年的時候因為不知道這一切，才會有最純粹的快樂，等到知道人生的一切真相的時候，人們才明白為什麼童年是人生中最美麗的時光了。

為了擺脫死亡陰影的追隨，人們忙於立德、立言、立功，在「三立」的過程中，人們失去了多少自由，多少歡樂，多少純粹，誰又能數得清楚呢？

 ## 二十三

每個人都有一座神秘的「內心迷宮」，作家們懂得用詞語構成的迷宮來吸引人。

每個人因為好奇的天性，都渴望走到他人的迷宮裏去探索，去發現，作家們充當了喜歡探索的人們的引路人。

 ## 二十四

尼采說：「通向人們自己天堂的道路，總須穿過人們自己地獄裏的肉慾。」現實生活當中，有多少人能夠擺脫肉慾對自己的束縛呢？每一個人都有一個自己的天堂，擺

脫肉慾的路卻很難很難，所以到達天堂的人也就寥寥無幾。

天堂是所有人的一個夢。

 ## 二十五

在每個人必須跨越的生活之河上，沒有人能夠替任何一個人搭橋，只能靠自己！這個道理，當一個女人還是小女孩的時候就應該懂得，這樣，在未來的歲月中就會多了許多的從容。

 ## 二十六

人生是一個受苦的過程，快樂都是找來的。有人用形而上的形式闡釋了這種受苦，他就成了哲學家、思想家，有人用形而下的形式去實踐，他們就成了生活中最普通的人。每一代人都分成了這樣兩大類。

死亡是每一個人都能得到的唯一的特赦。

 ## 二十七

哲學家康德提出的四大問題：我能知道什麼？我應該做什麼？我可以希望什麼？人是什麼？多少年來，許多有

識之士都希望在自己的人生中回答這四個問題，每個人都有著不同的答案。

因為這個世界上沒有一個完全相同的人。

 ## 二十八

稍微對人生有些思考的人都會問：什麼是人生的意義？人生有意義嗎？假如只把人生理解為放羊娃的解釋：長大了蓋房、娶妻、生孩子。孩子長大了再放羊、再蓋房、再娶妻──生生不息的繁衍下去，人生能有什麼意義？

其實，人生是沒有意義的，任何一個人的人生意義，都是用自己的生命寫成的。在生命繁衍的基礎上，一個人賦予了他的人生什麼意義，他的人生就有什麼樣的意義。

一個人的才能是決定他的人生有意義的充分必要條件。

 ## 二十九

若是一個女人有著高貴的靈魂，而她的終身伴侶無論怎樣也達不到她靈魂的高度，她所要忍受的寂寞和孤獨，用語言是無法訴說的。

也許她能享有塵世的歡樂，可她靈魂的世界裏永遠是冰封大地。塵世的歡樂愈多，心靈的苦痛也就愈深。

為什麼有智慧的女人在常人看來她享受了人間的榮華富貴，她自己卻不以為然呢，因為她最看重的是自己的靈魂。

 ## 三十

每個女人的內心都有一個惡魔，一個天使。惡魔主宰女人的時候，她的嫉妒心、虛榮心都表現得非常強烈，會讓她做出許多平素不齒的事情來。天使主宰女人的時候，女人的善良心、同情心、寬容心都會表現得非常到位，她會為自己美麗的行動深深感動。

女人一定要學會駕馭自己，讓天使主宰自己的時間長一些、再長一些。

 ## 三十一

女人一定要養成好的生活習慣，因為女人的生活習慣支配著家庭的生活習慣，影響著孩子的生活習慣。

在家庭中，女人做任何事情決不僅僅是為了自己。

三十二

具有好的溝通能力的女人，是一個親和力很強的女人。她像溫暖的陽光，溫暖著他人的內心。這樣的女人，是淨化環境，提升人的感知美的能力的天使。

世界上，這樣的女人愈多愈好。

 三十三

無論做什麼事情，堅持就是勝利。堅持也是需要成本的。這種成本分為兩種：一種是物質成本，一種是心靈成本。物質成本是指為堅持付出的金錢、體力、時間等；心靈成本是指一個人的信心、毅力、勇氣、膽識等。

有的堅持也許只需付出很小的物質成本，但心靈成本一點都不能少，少了心靈成本，任何堅持都是一句空話。對女人來說，心靈成本必須更大才能取得成功。

 三十四

女人的自身修煉，貴在修「三寶」。老子在《道德經》中說：「我有三寶，一曰慈，二曰儉，三曰不敢為天下先。」「慈」作為三寶之首，是女人的修身之本。只有具有珍愛一切生命，寬容他人的胸懷，才能為自己的修身

打下良好的基礎。「儉」為養性之根。一個人活在世上，應該把多想他人，少想自己作為一種境界去追求，就不會陷入虛無的境地不可自拔。「不敢為天下先」為養心之道，其主旨是不爭，處下，柔順。因為老子發現，自然界凡存活的東西都有柔韌性，凡容易枯死的東西都有堅硬性。女人似水，天生就具有水的特性，再有虛懷若谷、謙讓居下的品格，即能「知其雄，守其雌」，就會使自己的生命價值得到昇華。

 ## 三十五

　　人生就是一個朝聖的旅程，在征途中，唯有和精神上的夥伴一起上路，才會有跋涉中的相互攙扶，精神上的巨大支持。

　　這樣的精神夥伴，幾千年來產生了很多，當你從閱讀中能夠找到和自己有共同興趣的人，偕這樣的夥伴一起上路，朝聖的旅途上就多了許多歡欣。

 ## 三十六

　　男人和女人都像是一個翅膀的天使，只有相互的擁抱，共同的振翅，才有可能飛向萬里藍天。

單個的男人和女人是飛不起來的。

 ## 三十七

中年還需要喬裝打扮，通過打扮，把年齡的痕跡能掩藏下去就掩藏下去，只有到了老年，一切喬裝打扮都不需要了。頭髮白了就任它白去，皺紋多了就任它多去，老年是到了人類回歸童年的時候，一切都隨其自然了。

人在青年和中年時期還常常需要化妝，只有童年和老年是人活得最無拘無束的時候。

 ## 三十八

只要能做夢，就沒有遙遠的地方，做夢是人活在這個世界上最快速、最便捷的交通工具，也是人類最大的精神樂園。

 ## 三十九

只有精緻自己的心情，才有可能精緻自己的生活。有錢，沒有精緻的心情，也不可能過上精緻的生活。

精緻是一種生活的品味。

財富可以精緻物化的世界，但卻無法精緻一個人的精

神。擁有精緻的心情，即是擁有了世上金錢買不來的快樂。

 四十

生活是殘酷的，給了你這樣東西就必須讓你失去那樣東西，任何人都不可能全得，這是人生活中鐵定的法則，任誰都不可能逾越。

人年輕的時候，以為天下什麼都可以得到，成年時方懂得人的一生的失遠遠大於得。活在世上，七十二行，一個人能擇幾行？滿天飛禽，能捉幾隻？天下美景，能覽幾處？

人生是那麼有限，只是一次單程的旅行。人生是那樣的受到侷限，只能在一個很小的範圍裏撲騰。只有一次的人生，只有活得充實，活得愉快，活得興致勃勃，才不枉到這個世上走了一遭。

做好一件事情讓人充實，做成一件事情讓人愉快，做得有意義才讓人活得興致勃勃。

人的生命不在於長短，而在於做了什麼事情，做了這樣的事情能否讓自己快樂，這才是最最重要的事情。

四十一

是雲都渴望被風吹散，讓風馱著走向四面八方，總是停留在一個地方的雲，很快就會厭倦。

是花都渴望蜂飛蝶舞，它們的歌舞給了花永不停歇的夢想，儘管它不能離開土地，但它的精神卻在蜂飛蝶舞中飛得很遠很遠。

 四十二

智慧的女人是既有自信和主見，又不乏溫柔和寬容之心，是由完全相反的東西構成的一個人。

 四十三

你要去哪裡？每個人的生命都在路上，有的人只是為了換換環境而走在奔波的路上，有的人就在原地未動，但他的研究或是他的創作正在路上，後一種人在路上很可能會給人類的文化寶庫中增添新的瑰寶，會使單個生命的價值無限地放大。

都是在路上，但消遣性的在路上和創造性的在路上，又有著本質的不同。

四十四

只有女性擁有了屬於自己美的特質的那一天，女性才能從煩瑣事務的枷鎖中逃離出來。

當自然、健康、舒適成為女性審美的三大要素的時候，女性才真正的是自己的主人。

四十五

所謂時尚的潮流，是按照男性的要求去規定女人的標準而形成的，幾乎所有的時尚都崇尚對女性的苛刻和束縛，而所有的女性在時尚面前卻趨之若鶩，她們不惜忍受身心的痛苦去迎合去追趕一個接一個的所謂的潮流。她們節食，做各種運動，做美容、做整形等，無不是為了迎合時尚的潮流。在這種潮流中，她們完全喪失了有關自我的全面的思考。這也是一心追逐時尚的女人的悲哀所在。

四十六

義大利著名的政治家加圖八十歲的時候，開始學習希臘文，他的朋友看見都驚訝地說：「希臘文這麼難學，你應該年輕的時候學習它。」

加圖指了指自己的白鬍子說：「我現在的時間正是生

命中最年輕的時候呀！」

一個人生命的年輕，在於不斷追求新的知識的精神。只要還有追求，就是自己生命最年輕的時候。

 ## 四十七

希望就像是甦醒的夢，它是人生最強的動力。在充滿希望的人生中，什麼困難都顯得微不足道，因為希望的力量是最為強大的力量。

 ## 四十八

一個人只有一個童年，母親是人生童年當中最好的夥伴。母愛可以把一間平凡的房子，變成人長大後最美麗的回憶，可以把房間中簡單的物品，變成回憶中最美麗的道具。

 ## 四十九

暮年其實是一種情緒，它可以在人生的任何年齡階段出現，它是人生的低谷，是情緒中灰色的部分。

人要是有能力控制住自己的這種情緒，就能使自己的生命，永遠停留在年輕的狀態之中。

人生命中的一切，就在於人對自己情緒的管理和掌控。

 五十

假如說老年給人帶來的是寧靜和自由，激情的流失是老年必然要付出的代價。

美麗的老年狀態，是讓寧靜和自由作為自己生命的大部分狀態而存在，激情的湧動作為小部分而存在。它們的構成比例剛好和年輕的時候相反。

這時的老年人就有了較好的生存狀態。

 五十一

物質生活的徹底滿足，能給女人帶來真正的幸福嗎？答案是否定的。物質生活的滿足，只滿足了女人生命的一部分要求，女人要有精神生活的要求，並力爭在精神滿足的路途中走得更遠，才會有生活的充實和美麗。不然，物質生活滿足後的女人，只剩下一大堆的空虛和無聊，去抵消物質滿足後的那點快感，剩下的只能是痛苦。

五十二

　　人生不如意事常八九，是古往今來無數仁人志士發出的慨歎，任何一個活著的人，都免不了遭受這樣的境遇。但不如意也有個層次的問題。

　　有的人是懷有報國大志不能實現而不如意，有的人則是為日常生活小事不能得到滿足而不如意。同樣是不如意卻有著天壤之別，這是由人的才華和學識而決定的。

　　無論是大的不如意，還是小的不如意，終歸是會讓人神情鬱悶，心情不暢，關鍵是要學會排遣。能排遣得好，自己會給自己帶來一片心情的藍天。

　　人生不如意事常八九，如意事肯定會有一二。民國元老于右任先生曾寫過一副著名的對聯：「少思八九，常想一二」，橫批是「如意」。這是人生大智慧的高度總結。既然不如意事常八九在任何人的生命中都不可避免，是不以人的意志為轉移的，人就要多想自己如意事之一二，調整好心態，爭取有一個寵辱不驚、樂觀豁達、擁有希望而進退自如的人生。

　　每一個人的人生都在自己手裏掌握著。

五十三

人生有七樂：一是知足常樂，二是天倫之樂，三是動中取樂，四是靜中求樂，五是寬以為樂，六是讀書之樂，七是山水之樂。

人生當中只要時時有七樂相伴，就會少了許許多多的煩惱，少了隨著年齡增長而帶來的對生命的麻木感。

人生的快樂是需要尋找的，有了這七種尋找快樂的方法，人就容易找到一個快樂的自我。

 ## 五十四

豐富的安詳應是人生最高的境界。該經歷的你全都經歷了，甜酸苦辣都已嚐遍，你學會了用安詳的目光去看世界的花開花落，人聚人散。你能與豁達寬容結伴，同寧靜慈懷為伍，以成熟豐富為內涵。這樣的人生才是一個人最終應達到的境界。一個人若是達到了這樣的境界，便是有了優質的生命質地。

 ## 五十五

人的變老和長大是完全不同的。人在慢慢變老的過程中，拼命的去尋找讓自己成長起來的機會，這種人永遠在

長大，他的生命過程一定是愉快的。而變老則是使人喪失了對成長的尋求，一天天暮氣沉沉，等待著死亡的來臨。這樣的日子是難熬的。

　　人不是因為年齡增大而變老，而是因為失去了奮鬥的激情和勇氣而變老，人是否變老的分界線就在於此。

 ## 五十六

　　生活中沒有永遠的好事，也沒有永遠的壞事，一切都是變化的、流動的，變化的根基在於陰陽的平衡。對生命有了這份理解，即是生命跌入命運的谷底，也總有一種希望在支撐著，因為世上所有的事情，都會朝著相反的方向轉化。

 ## 五十七

　　瑣碎人生的定海神針，來自於生命平衡的力量。因為深知人生的奧義就是永遠的變化和流動。洞悉事世滄桑，徹悟人生三味，就是明晰人世間的好事壞事總是在相互轉換。

五十八

想瞭解一個人最真實的面孔，不是聽別人如何評價他，而是看他如何評價別人。一個人往往在評價別人的過程中，把自己真實的面目暴露無遺。

五十九

生活中的每一個人，都應該要求自己有憐憫之心。尤其是女人的憐憫之心更為重要，它是女人內在美的一個重要方面。

乞求別人有憐憫之心是不客觀的，別人的修養由他自己負責，不是有人乞求他就有了這方面的修養。

六十

這個世界上，猶太人是最為聰明的。他們認為世上最快樂的是賣豆子的人，因為他永遠不必擔心豆子賣不出去。如果豆子賣不完，可以拿回去磨成豆漿，再拿出來賣。如果豆漿賣不完，可以製成豆腐，豆腐賣不完，變硬了，可以做成豆腐乾賣，豆腐乾再賣不出去，可以醃起來，變成豆腐乳──總而言之，生命有無數種精彩的選擇，就看你怎麼選擇。聰明的猶太人為他們智慧的生存，

做了最好的註解。

 六十一

　　每個人都應該知道，自尋煩惱是最愚蠢的事情，生命決不會因為煩惱而變得精彩，而是通過擺脫煩惱才創造了生命的神奇。煩惱是過一天，快樂也是過一天，選擇快樂的度過每一天，才是最智慧的活法。

 六十二

　　遊戲是父母與孩子進行直接情感交流的過程，也是發現孩子興奮點和不足之處的方法。這種親子教育能寓教於樂，寓教於玩，非常直觀形象，孩子也最易接受。遊戲的素材可以是身邊的小事，也可以是寓言或童話，通過遊戲和情景類比的方式，使孩子熟悉遊戲內容，以培養孩子對學習的興趣。

　　和孩子遊戲，是父母培養孩子熱愛學習的一條最直接的途徑。

　　不要以沒有時間為藉口，不陪孩子玩。很多事例都說明了這樣一個事實：在孩子的學齡前，父母不花時間培養孩子，孩子長大後，父母會花更多的時間來進行培養，但

也收效甚微。

 ## 六十三

　　每一個成功男人的背後，都有一個優秀的女人，這個女人像是巨輪上的舵手，時時把握著方向；這個女人像是一個王朝的宰相，事無巨細的操持著家庭；這個女人像是一所學校的老師，給孩子的成長提供最直接的教育。

 ## 六十四

　　看到現有的事物，一般人都會問：「為什麼？」而只有那些具有獨特稟賦的人，常愛想像那些沒有的事物，並且發問：「為什麼沒有？」這個世界就是在這種發問中，一天天豐富起來的。

　　沒有想像力的催發，這個世界會失去很多色彩。

 ## 六十五

　　飛翔的永遠是夢想，抓住夢想一定要有速度，有毅力，有信心，有方法。只有綜合能力很強的人，才可能將夢想變為現實。

六十六

判斷是一個選擇的過程，選擇是個人能力的體現，是綜合素質的試金石。正確的判斷帶來的是正確的選擇。

判斷在生命的每一個時間段內存體在。

 ## 六十七

非洲有個民族有這樣一種習俗：嬰兒剛生下來就獲得了六十歲的壽命，以後逐年遞減，直到零歲。人生的大事都得在這六十年內完成，以後的歲月就頤養天年了。這是生命有限意識的一種體現。

人生不過是我們從上蒼手中借來的一段歲月，過一年，減少一歲，直至生命終止。人生是有限的，正是有限給了我們活著的人緊迫感，迫使人們不能偷懶，在有限的時間裏，做出讓自己的生命放出光華的事情來。

世界上無論哪個民族，都是在竭力的使自己的生命變得有意義。

 ## 六十八

婚姻不像愛情那樣，有那麼多的花前月下的浪漫，有那麼多的人約黃昏後的激情，有的只是柴米油鹽的現實，

有的只是一天天平淡如水的日子。

　　婚姻當中，兩個人的關係再無神秘可言，若沒有幽默在婚姻當中起著潤滑的作用，婚姻就會很快老去，變得枯燥無味。

　　婚姻中沒有了戀愛時的氛圍，但讓對方愉快和放鬆，卻是容易做到的。兩個人可就雙方都感興趣的話題聊天，可用自己突發的靈感，去點燃對方的靈感，可用輕鬆幽默的話語，給平淡的日子加上色彩，這些都是維護婚姻必不可少的元素。

六十九

　　女人的一生都渴望有自己特別愛的男人，出現在自己的生活中，這幾乎是每一個女人心底的夢想。可女人不知道自己特別愛的那種優點特別突出的男人，是所有的女人都想愛的人，許許多多女人的愛，已把這樣的男人慣壞了，慣得他們都不知道如何來愛女人了。

　　世界上，這樣優秀的男人只能用來欣賞，卻不能用來結婚過日子。若是和這樣的男人結婚，女人可能會有一時的幸福，但大部分時間都得生活在水深火熱之中。

七十

在抉擇婚姻大事的時候，女人一定要選那個特別特別愛自己的人結婚，自己最愛的那個人不一定是最好的結婚對象。因為自己最愛的那個人，很可能只是一個最愛他自己的人。

沒有戀愛時期的理性的選擇，就會締造一個糟糕的婚姻，這是無數個總結婚姻得失的女人的切身體會。

 七十一

愛世上一切美好的事物，就能將自己從灰暗的心境中拯救出來。

你的心境可以從雨後的綠樹中找到清新，可以從雪花飄舞的韻律中找到美妙，可以在晴朗的天空裏，找到陽光的多彩，可以在星光燦爛的銀河裏發現神秘──大自然中一切美好的事物都可以調節人的心情。

愛世上一切美好的事物，就是給自己的靈魂，發放了一張通往世界上任何一個地方的通行證。

 七十二

有位詩人把人生比作「刷卡」，這是一個非常形象的

比喻。事實上，人的生命就像是手中的一張信用卡，上面設定的時間，對每個人來說都是一個定數，任何人都無法借貸，也難以補充。從生命開始的那天起，上面的數字就會一天天地減少，永遠都不可能增加，這就是生命必然的過程。

愛惜生命，讓自己的生命放出光華，應是每一個到這個世界上來的生命，最為關注的事情。

 ## 七十三

每個人都有一首屬於自己的歌，那獨特的旋律伴隨著自己一天天長大。在非洲的某個部落裏，一個人從出生到成人禮，到婚禮乃至葬禮，部落裏的人都會集合起來，唱那首只屬於這一個人的歌。這首歌伴隨著他長大，也伴隨他克服成長過程中的每一個難關。

每個人的生命中都有一首屬於自己的歌，這支歌永遠唱響在他的心頭。

 ## 七十四

快樂是可以製造的。用友善的話語，用理解和寬容，用時間和耐心，再加上幽默，就可以製造出快樂的一天。

有了這一天就可以複製出無數快樂的一天。

製造快樂是最美麗的事情，要想製造出永遠的快樂，就是不停地幫助他人。

 七十五

學會感受寧靜，讓自己焦躁的心在寧靜中悄悄的淨化，生命就會進入一個嶄新的境界，綻放出美麗的笑顏。

也許是在寧靜的月夜，也許是在清新的早晨，也許是在暮色四合的黃昏，女人躁動的心終於寧靜下來，感受著平日感受不到的大自然的美麗和神奇，心也隨之快樂起來。

學會感受寧靜，是女人快樂自己的方法之一。

 七十六

人的生命也有個自然的四季：少年，青年，中年和老年。這是不以人的意志為轉移的生命程式，每一個人的人生都要在這樣一個程式中走完。

少年和青年時期是容易度過的，生命成長的快樂在生命中滿溢著，激情的昂揚，對未來的憧憬，把人類的這段時光打扮得花團錦簇。

　　中年和老年時期是需要人用智慧來度過的。在這段生命時光中，人生的大幕已緩緩落下，一切都已定形，再變動的可能性幾乎沒有了，伴隨著人的，只是一個個毫無懸念、平淡如水的日子。怎樣在這樣的日子裏活出色彩，全靠人的智慧。有的人一生都沒有被困難打敗，卻在平淡如水的中老年時期，喪失了生命的歡樂。

　　人生假如是一齣戲的話，中老年時期是最難唱的一段。能把這一段戲唱得跌宕起伏，高潮迭起，這個人的人生才是圓滿的。

　　功名、官位和財富，都不可能給人的中老年時期帶來由衷的歡樂，只有智慧地活著，人為的為這段時期增添各種色彩，人生的鮮豔和美麗才能得到最完美的體現。

　　一個人的一生，活得快樂不快樂，關鍵是看他的中老年時期如何度過。

 ## 七十七

　　真正的瞭解一個人的品格，不是聽他說什麼，也不是看他做成了什麼，看透一個人最靈驗的方法，就是給他權利。

七十八

過去的事情永遠不能改變，對過去只能原諒。

未來的事情可以謀劃，永遠寄希望於未來。

只有做好現在的事情才是最重要的。

 ## 七十九

相思、牽掛，是人的心境中長出的美麗的、搖曳的花。生命會因為這花而變得燦爛，生活會因這花而溢出色彩，人生會因這花而變得豐厚。

誰不渴望自己的心田裏能開出這美麗、搖曳的花朵呢？

這種花只開在善良、敏感、充滿了愛的心裏。

 ## 八十

錢能給人帶來什麼？能帶來精美的餐飲，能帶來華美的服飾，能帶來舒適的住所，能帶來周遊世界的愜意。可是，再精美的餐飲，人只有一個有限的胃，再華美的服飾，人只有一個軀體，再舒適的住所，人需要的就是一張床，再豐富的旅遊也只有一個地球。

錢能給人帶來的滿足是有限的，當有限的需求被滿足

之後，人就會有揮之不去的無聊和空虛感爬上心頭，讓人不快樂，沒有幸福感。

理想、愛情、激情、自由——這些人世間最美麗的精神產品，對有些人可能會因金錢而賣出，但任何人用金錢休想買到它。

只有精神財富才是人類最大的財富。文學、繪畫、藝術——它們描畫的是比錢財更貴重的，值得人用一生去孜孜追求的一種境界。

錢財給人的滿足是有限的，而精神財富給人的滿足是無限的。

八十一

世上的很多東西會因響亮而聲名遠揚，但也有一些東西，會因沉靜、寂寞而得以長久的留香。

響亮和寂寞各有各的美麗，永遠不能相互替代。一個女人看待事物的平衡心態，來自於對一切事情的發展前景瞭若指掌。

這樣的女人才會有真正的從容。

八十二

人生中的想像能力，是人能否得到發展的一個重要條件。有了想像力，很多東西可以從無到有。一個人素質的高低，有無想像力是判斷他的一個重要依據。

 ## 八十三

生成積極的自我形象，是獲得幸福人生的根本保證。人生的幸福與物質生活條件有一定的關係，但不是絕對的，優裕的物質生活決不是幸福、快樂人生的根本保證。能夠感受到人生的幸福，是健全的人生態度與健康的心理，特別是積極的自我，這才是最重要的。具有這種精神品質的人，才能把握住自己人生的航向，不至於在暗礁四起的人生河道上翻船。

 ## 八十四

每一個人的心靈就是一個花園，裏面可以是繁花似錦，也可以是雜草叢生，只看一個人怎樣經營自己的心靈花園。種下幸福快樂的種子，收穫的是繁花似錦，種下憂傷愁苦的種子，收穫的是滿園的雜草。

生活中，每個人在自己的心靈花園裏種下什麼樣的思

想之種，就會在實際生活中體驗到它帶給人的什麼滋味。

 八十五

盧梭說：「人是生而自由的，卻又無往不在枷鎖之中。」枷鎖是從人一出生就帶上的一種東西，它陪伴人的終生。人的一生都是在侷限中生存，無人能逃出這種局限。在次序和法則中追求最大的自由，是人唯一能夠做到的事情。

只有當人把追求精神的快樂，看做是人生最高幸福的時候，才能最大限度的得到自由。

 八十六

愛情的最高境界，不是愛到天荒地老，而是愛到女人可以天天撒嬌。

天荒地老是不存在的，只要有一天愛情存在，女人就可以撒嬌。

 八十七

如何做一個婚姻中有魅力的女人呢？一個重要的方面，就是堅持做最真實的自己。具體的可以從以下幾個方

面去努力。

1. 堅持自我,不要因為愛一個人而盲目地改變自己。

2. 保持獨立,最主要的是不在經濟上依賴男人。

3. 要有自己的社交圈子,一個女人的心中要有很多個房間,丈夫 也只是進來在某個房間坐一坐。

4. 婚姻中的兩個人都是主角,要有自己的主見,懂得適當地拒絕。

5. 保持幽默感,幽默可以讓男人感受到你的獨立思考。

5. 注重自己的外貌和健康。一個女人如何保持自己的容貌和健 康,可以反映出其自尊的程度。

 ## 八十八

如果女人只會撒嬌,時間久了,男人會厭煩。如果女人太過於能幹,時間久了,男人會壓抑。女人要學會在撒嬌和能幹之間找到平衡點。一個經濟上依賴自己,性情上又女性味道十足的女人,就是把婚姻中的女人做到了極點。

 ## 八十九

婚姻有三重境界。

第一重境界是和自己所愛的人結婚。

第二重境界是和自己所愛的人及他（她）的習慣和性格結婚。

第三重境界是和自己所愛的人及他（她）的家庭背景結婚。

凡是能夠白頭偕老的男女，必定是經過了這三種境界的考驗，最後兩個人都被對方的習慣和性格同化，最終達到了婚姻和美。

 ## 九十

做一個有頭腦、有靈魂的女人，應是女人在現代生活中對自己的起碼要求。

一個有頭腦的女人，是一個理性豐富的人，理性的思考，會讓她理順生活中的千頭萬緒，做出正確的判斷和抉擇，能助女人在事業上成功。

一個有靈魂的女人，會有自己精神上的追求，有內在的嚮往，有自我約束的動力，有內心的淡定與坦然。孔子曰：「仁者不憂，智者不惑，勇者不懼。」內心的強大，可以化解生活中的很多煩憂，可以給女人最深厚的精神慰藉。

九十一

人人都渴望成功，成功是什麼？成功意味著一直有自己喜歡的事情可做，而且有時間，有精力去做這件事。在做這件事的過程中充滿了快樂，這就是一個人最大的成功。

這種成功不會有太多耀眼的光環，但它卻讓人踏實、豐富、充實，它不會讓人一下子衝上巔峰，一下子跌進低谷。

這種成功是世上最好的成功。

 ## 九十二

女人對自己愛人的打造，可以說是不惜一切，為自己的愛人恨不能操持一切，殊不知這並不是男人喜歡的愛的方式。男人生性喜歡自由，就是在衣裝打扮上，也喜歡追求自己的品味。女人若是在瞭解了愛人的愛好之後，再跟著他的愛好進行包裝，可能會達到好的效果。不然，只能是女人出了力不討好。

有人說女人喜歡半成品的男人，好為她下一步的打造打下基礎。其實關鍵是看這個男人是否願意被改造。一般

來說，願意被改造的男人少之又少。

 ## 九十三

使一個人真正站立在人世間的，不僅僅是他的雙腳，更重要的是他的理想、智慧、意志和創造力。只有後者才能給人帶來豐厚而有價值的一生。

 ## 九十四

每個人的生命都是「在路上」，而「時間」的意義就在於它是你的載體，不管是一日還是永恆，人始終是歷史的人質，無處可逃。

就是這樣的生存狀況，每個生命所面臨的結局都是一樣的。只是在這有限的時間裏，你能做些什麼？你又做了些什麼？

 ## 九十五

好的婚姻生活當中，有無數次的相互感動。正是這些感動，才使得婚姻一天天地走向完滿。只有當一個人是全身心地愛另外一個人的時候，才會做出讓對方感動的事情來。

好的婚姻，就是由這無數次小小的感動而聯結起來的。

 ## 九十六

生命其實就是一種姿態，既然每一個生命到這個世界上無論怎樣努力都會有遺憾，那就微笑著面對一切吧。微笑面對一切的力量，來自於對生命存在的深層理解。

陰雨過後是晴天，不快樂的對立面是快樂，人生就在這個對立面不斷轉化的大環境中逐漸消磨，個體的不快樂，除了給自己帶來更大的傷害，什麼也帶不來，與其這樣，何不讓自己的生命快樂起來呢。

快樂地度過生命中有限的時間，就是悟到了人生的真諦。

 ## 九十七

什麼樣的人生是最幸福的？經歷過順境和逆境，經歷過磨難和歡樂的人生才是最幸福的。一個人僅在順境中度過，他的人生必定是殘缺的，是沒有分量的。他不知道人世間還有一種東西叫磨難。磨難給人帶來的是，對順境的珍惜和激發出來的創造的激情。磨難常常是人的一生中難

得的財富。

　磨難是化了裝的幸福，是人對磨難認識的最高境界。

　人生最大的幸福，就在於最大限度地窮盡人生的各種可能性，將人生的甜、酸、苦、辣全都嚐遍，這樣的生命才是豐盈的，幸福的。

 ## 九十八

　人類最高的物質幸福是什麼？一位先哲說過，對於人類來說，是和平；對於個人來說，是健康。此言甚佳。沒有和平的生存環境，何來幸福的生活。個人沒有健康的身體，就是家有萬貫，內心世界非常豐富，也享受不到生活的幸福。在和平年代裏，一個人的身體健康是至關重要的大事。

 ## 九十九

　時間和興趣是人的一生最大的財富，當這兩樣東西都有的時候，人很容易的就能做成一件事情。這件事可能是一件小事，也可能是一件大事，這完全看創造者當時創造力的情況。

　這兩樣財富有一樣缺失，人就不能很好的做事，也做

不成什麼事。

 一百

　　若能把愛貫穿人的一生，人生的每一個階段都保有愛的激情，人生就會變得色彩斑斕，豐富而又充實。

　　人年輕時的愛多受生理的支配，生理慾望的滿足起著關鍵的作用。中年時期的愛多受情感的支配，親情在當中起著重要的作用。老年時期的愛是最澄明的，人對愛有了宗教般的皈依。這時的愛經歷了青年、中年、老年，最後達到了大海般的深沉和寧靜。

人生真相

看到並接受人生所必有的局限，
就等於給自己打開了
一扇智慧的大門。

看到並接受人生所必有的局限，就等於給自己打開了一扇智慧的大門。正是人生的局限，才促使人們去看開生活中的一切事情，去專注自己的靈魂。生活當中，人們只有想靈魂的那些事情的時候，才是沒有疆界的，可以放任自己精神的駿馬馳騁於任何一個地方，天上、地下，凡是肉身不能達到的地方，精神都可以去訪問，都可以去探索。

正是精神的無極，才讓人們對肉體的局限變得能夠忍受。

有句古老的諺語：「如果你想要幾小時的幸福，就去喝醉酒；如果你想要三年的幸福，就去結婚；如果你想要一輩子的幸福，就去做個園丁。」園丁為什麼能給人一輩子的幸福呢？原因在於園丁的工作是能夠在大地上不停的創造，一個人按照自己的想像去播種、去耕耘，每天都能看到生命的蓬勃向上，每天都有新鮮的事物給他帶來喜悅。這樣的園丁就會一輩子都有幸福感？因為他的生命一

直處於一種不停地創造的幸福狀態之中。

 三

生命中的一切都要有一個度，這個度把握好了，生命就能夠進入一種自在的狀態。對女人來說，獨立和依賴是女人表現的兩個方面。追求獨立要追求人格上的獨立，享受依賴是享受情感上的依賴。什麼都獨立的女人失去了女人的味道，什麼都依賴的女人只能讓人感到可悲。

一切都在於那個度的把握。

 四

盧梭曾說過：「我獨處時從來不感到厭煩，閒聊才是我一輩子忍受不了的事情。」

閒聊對於一部分女性來說，是她們生活的一種方式。不閒聊她們就會悶得發慌，不知道時間該如何打發，只有在東家長西家短的議論中，在對孩子和丈夫的或埋怨或炫耀的表白當中，才能消耗掉多餘的時間。她們害怕獨處。這樣的女人是膚淺的，是沒有靈魂生活的，她們只活在肉體生存的這個層面上，是很可悲的一類女人。

什麼時候女人中能思考的人多了，能有自己精神生活

的人多了，女人這個群體的素質就會得到極大的提升，她們才會把獨處當成是自己人生最美妙的時刻去享受。

五

　　人類靈魂的生成需要空間，這個空間從哪裡來？主要來自於人的獨處時間。在獨處的過程中，生活中煩擾自己的問題得以梳理，心靈中折磨自己的困惑得以思考，這時的生命是完全屬於自己的。

　　只有在獨處的時候，人才是自己的君王。

六

　　對待婚姻中的男人容易變心，女人總是百思不得其解，也是女人最為困惑的問題。其實，喜新厭舊是人類的本能，人世間，凡是本性的東西總是改變不了的，既然改變不了，更何談女人能管得住呢？女人能管得住的只能是自己。

　　這個世界上的好婚姻還是很多的，主要取決於女人的態度。女人若是從以下幾個方面要求自己，對穩定婚姻就會起到很重要的作用。

　　1. 提高自己的文化素質，加強各個方面的修養，熱愛學

習各類新知識，學會新的技藝。

2. 要有充分的自信，相信自己能行。

3. 決不要為愛失去自我，明白愛情只是生活的一個方面。

4. 給對方自由，人為的製造婚姻中的距離感。

5. 多適應對方，不要希望自己把對方改變。

6. 婚姻只是義務，絕不是權利，任何人沒有理由讓他人的自尊在婚姻中受傷。

7. 該做的努力全做了，還挽回不了局面，就大膽的離婚，相信下一個會更好。

　　如果女人能做到以上七條，就獲得了在婚姻中極大的自由，婚姻完全可以掌握在自己手中。

 七

　　有人說：「女人五十如醇酒，六十如驕陽，七十如晚霞，八十如明月。」女人無論在生命的哪個階段都是美的，都有自己獨具的風采。

　　這樣的女人必定是智慧和美麗結合的優雅女人，她們的生命只會因為年歲的增加而更加光彩奪目，更加讓人回味無窮。

這樣的女人到走完人生路程的時候，可以欣慰地閉上雙眼到天堂去報到。

八

人世間就男女這樣兩個性別，上帝安排的就是讓這兩個性別相互尋找。人世間上演的故事，也大都是異性相互尋找的故事。

這兩個性別孤立起來看都是有缺陷的，只有兩個性別結合在一起，才會有完美的狀態出現。

完美的狀態也是在鬥爭中、磨合中逐漸形成的。為什麼婚姻內會有那麼多的戰爭，原因是雙方接納對方都需要一個過程。

九

世界上最美麗的愛情，是一顆獨行的靈魂與另一顆獨行的靈魂之間，最深切的呼喚和應答。他們精神上的相互依戀，為愛情描繪了最美麗的圖畫。

只有這種愛情才能擺脫日常生活瑣碎的侵擾，才能抵禦人性中缺陷的氾濫，才能將人性中最美好的東西發揚光大。

一位哲人說過：愛情之所以燦爛，就因為它短暫。道出了常人愛情生活的真諦。正是因為短暫，人們希望愛情是連續的，渴望在婚姻裏也能得到愛情。

　　假如說婚前的愛情是鮮花，婚後的愛情就是種滿鮮花的小花園，需要夫妻雙方齊心合力，為鮮花鬆土、澆水、施肥，愛的鮮花才會開得更豔。

　　有人說婚姻是愛情的墳墓，是指婚後的愛情會一天天走向平淡，其實，永遠浪漫的愛情誰都會疲倦，只有平實、樸素、舒適、親情加上負責任的愛情，才是婚後愛情的真實表現。

　　世界上，每一場轟轟烈烈的愛情終歸都要走向平淡，早點有這樣思想準備的女人，走到人生的婚姻裏才不會因自己幻想的破滅，而感到人生的虛幻，真實的人生就是這樣一點點演變的。世上的一切東西都在變，只有自己浪漫的愛情不會變，這是可能的事情嗎？

　　假如說戀愛是天空美麗的雲霞，婚姻就像是腳下踏實的大地；戀愛給人心跳的感覺，而婚姻卻需要兩人不斷地耕耘。每個人進入婚姻，就是進入了一個靠辛勞才能有所

得的天地，只要偷懶就會受到懲罰。

 十一

女人和男人，就像是兩個有著自己圓心和半徑的圓，兩個圓相交的部分要有，但不能太大，一旦兩個圓完全重疊了，女人失去了自己的圓心和半徑，等於失去了自我，沒有自我的女人等於失去了一切。

婚姻中的男女一定要有距離，女人要有自己的圓心和半徑，在家庭中，女人和男人相交可以，決不可重疊。重疊就意味著女人完全喪失了自我。

 十二

誰不幻想可為之獻身的愛情在自己身上出現？誰不渴望有和自己的靈魂相擁的異性陪伴在身旁？而苦苦追求這種境界的男女只能獨守空房。這是現代生活中的一種獨特現象。

在物質慾望氾濫的年代裏，追求靈魂共鳴的男女，散落在茫茫人海裏孤獨地追尋。

十三

有個故事是這樣的：兩名囚犯從獄中眺望窗外，一個看到的是泥巴，一個看到的是星星。看到泥巴的那個囚犯除了鬱悶還是鬱悶，看到星星的那個囚犯卻得到了快樂。

生存環境的制約對於每一個人都是一樣的，得到這個就必然會失去那個，世上沒有全得的事情，也沒有全失的事情。

生存的制約對活著的每一個人何嘗不是一個牢籠。但你從牢籠裏看到的是星星，看到的是快樂，你就得到了很有品質地活過自己一生的祕密武器。

 ## 十四

內心世界的巨大差異，將人分為了平庸的人和高貴的人。平庸的人關心的是物質的滿足，高貴的人注重的是自己的靈魂。

常常是高貴的人不用費太大的力氣，就能有物質上的滿足，因為他物質上的要求非常簡單。而平庸的人費盡力氣，也不能得到滿足，因為他物質上的慾望太多太多。

十五

　　一位政治家說：「要想征服世界，首先得征服自己的悲觀。」悲觀是每一個人在人生的不同階段，都會出現的一種情緒，能夠控制住這種情緒，人生就能夠取得成功；控制不住這種情緒，任這種情緒在身上氾濫，就什麼事情也做不成，不管當初自己是如何信誓旦旦的要取得成功。成功的路是崎嶇不平的，每一個成功的人都要戰勝自己，戰勝自己，首先就要戰勝自己的悲觀情緒。

十六

　　人從中年過渡到老年時期，方能達到內心平和的境地，才能和人生、社會泰然相對。只有這時，人才能深切地體會到人生平靜的滋味。正如蕭伯納所說：「六十歲後才是真正的人生。」

　　在這個年齡階段裏，人的深度和內在美逐漸的顯現出來，私慾漸漸地變少了，心變得像大海一樣的寬闊，這時的人生非常像晚霞滿天的時候，夕陽正慢慢地沒入地平線，蕭穆、莊嚴的氣氛在四周彌漫。

十七

一個女人應該為自己的精神比自己的身體多花些錢才對。

也許是一束鮮花照亮了妳心底陰霾覆蓋的天空。

也許是一場音樂會驅散了妳心頭的烏雲。

也許是一個畫展激發了妳的靈感。

也許是一場舞劇將妳帶進了美輪美奐的天地。

也許是一本書打開了妳的心窗。

也許是獨自把自己的垃圾情緒傾瀉在日記本上。

也許是拿起行李去一處自己魂牽夢繞的地方。

也許是開一個部落格能夠安放自己的靈魂。

——

滿足自己精神的方式有很多種，只看一個女人怎麼去選擇。

 ## 十八

當一個人置身於創造的激情當中的時候，是人的幸福感最強烈的時候。這時的人感到了生命的飽滿和鮮豔，能夠聽到自己的血液嘩嘩流過四肢的聲音。

這時的人滿心都是創造，都是未來，都是積極的介入人生的激情。

世上有什麼能比一個人創造力勃發的時候最為動人呢。

 十九

一個智慧兼有美麗的女人，很可能獲得幸福的指數比一般的人要高。但這樣的女人，也只能是在她創造力最為旺盛的時期，她才能強烈地感受到幸福的衝擊。

對這樣的女人最為毀滅性的打擊，就是她創造力的喪失。

 二十

獲得幸福感是每個人一生的追求和夢想，但如何獲得幸福感也是一門學問。因為每個人獲得幸福感的標準不同，追求幸福的過程中，一定要找準幸福感的參照物，才能找到最終的幸福。

人的幸福感都是在相比較的過程中產生的。有幸福感的人喜歡與不如自己及自己的過去比較，悲觀抑鬱的人喜歡與強於自己的人比較，愈比較愈不幸福。

　　人要學會向下比較和縱向比較，多想愉快高興的事，就容易產生幸福感。高層次的幸福感，是在幫助他人的過程中獲得的「社會認同感」。這種幸福感對人的生命會產生極大的動力。

　　兩個不同層次的幸福感，給了人的一生有幸福感的保證。

 **二十一**

　　生活中的每一個人，都喜歡做自己願意做的事情，在做事的過程中，只要有興趣，再大的困難都能克服。如果不喜歡，無論外界如何強迫都產生不了作用。孩子的學習也是這樣，關鍵是要從小培養孩子的學習興趣，讓孩子感到學習不是負擔，更不是煩惱。尤其是母親一定要學會引導孩子，讓他將學習變成自己的興趣愛好，只有這樣，才能培養出一個熱愛學習，將學習視為自己興趣和愛好的孩子。

　　培養孩子學習興趣的一個最重要的年齡階段是學齡前。所以，學齡前孩子的媽媽，一定要放下手中所有的雜事，將培養孩子熱愛學習的目的放在第一位，現在的努力會省去將來的很多麻煩，孩子也容易培養成功。

二十二

　　親子閱讀是母親培養孩子學習興趣的一個極好的方法，尤其是對學齡前的孩子來說，因為他們年齡小，很難安分下來獨自看書，這時的讀書主要靠母親和孩子一起讀，在共讀的過程中，母親要有意的引導孩子對讀書感興趣，多用鼓勵和表揚的辦法。只要孩子對讀書感興趣了，家庭教育就成功了一半。

 ## 二十三

　　在和孩子共同閱讀的過程中，母親要學會用生動的語言、形象的動作，來描繪書本中的故事，並能編一些朗朗上口的兒歌來進行複述，久而久之，孩子一定會對閱讀產生很大的興趣，自己要求讀書的慾望也會更加強烈。

 ## 二十四

　　每一個孩子對事物都有獨特的視角和解讀方式，將大人的想法和情感強加於孩子，是非常愚蠢的，這樣會導致對孩子的教育沒有任何效果，還會適得其反。

　　母親要學著用孩子的眼光去看世界，用孩子的思維方式去理解孩子，創造一種適合孩子生長的環境，孩子的成

長就會順利得多。

 二十五

　　世上的人群分很多種，但有兩類人最不容易失業，一種是知道「怎麼做」的人，一種是知道「為什麼」的人。一種是在技術層面上養活自己；一種是在學術層面上把自己養活。

 二十六

　　看一個人不是看他自己標榜什麼，而是看他喜歡談論什麼。偉大的人談論思想，中等的人談論事件，小人物最喜歡的就是談論人，也有一些無法歸類的人，他們是既喜歡談論事又喜歡談論人，這樣的人，我們命名為普通人。

 二十七

　　愛的最高階段是通過一紙契約，將兩個人緊緊地拴在了一起，從此就意味著雙方同意誇大對方的優點，縮小對方的缺點。一旦一方的這種意向發生偏差，婚姻就會受到威脅。

二十八

快樂是需要自己製造的，尤其是心理狀態，是決定自己能否快樂的重要因素。

快樂的活著是一種境界，是調動身上所有的因素都運轉起來的最高目標。

人，無論從事什麼樣的工作，快樂才是最最重要的事情。

 ## 二十九

每個女人都應當愛惜自己的身體，在這副肉體中，有神聖的河流，有太陽、月亮和星星，它擁有朝聖地所應有的一切。

只有愛惜好自己的身體，才能讓自己的心田裏開出花來，讓自己的愛結出果實來。

一個女人的身體健康，精神健康，才能美麗地活在這個世界上。

 ## 三十

在實際生活當中，很多女人仍是在為衣食飽暖而奔波的路途當中，這樣的女人很少能夠體會到更深層次的幸

福。她們也有快樂降臨的那一瞬間，如薪水高了一點，孩子的學習進步了，又買了一件早就想買的衣服，得到了朋友真誠的幫助，甚至是得到了同伴或者異性的一句誇獎等。這樣的女人還沒有培養起自己的精神生活，就不會有深層的幸福感。因為沒有精神方面的需求，她們只能在日常生活的得失之間撲騰。

她們的快樂也最容易被生活中小小的不順利而徹底的打碎。女人培養自己有精神方面的要求，是為了和現實的生活拉開一些距離，讓自己擁有更多的智慧，變得更超脫一些。這也是女人自己拯救自己、自己創造幸福的一種最好的方式。

 三十一

人有沒有自信心的一個很重要的方面，就是看他是否樂於接受自己的缺點。明知道自己不完美，還是朝著自己既定方向努力的人，才是真正自信的人。

 三十二

兩性關係從本質上看是由性行為、愛情、婚姻三方面構成的。

性行為是人的生物性，婚姻是人的社會性，愛情是人的精神性。

人世間的很多婚姻，只停留在人的生物性和社會性上，無法超越自己，久而久之，必然會生厭倦，婚姻中的「七年之癢」等大量現象就會出現，婚姻很容易亮起紅燈。

其實，婚姻最好的提升方式在於婚姻內的愛情。只有在婚姻當中，雙方的人生觀、價值觀、審美情趣等諸種精神方面都相投的時候，才能使婚姻愈走愈堅固。只有精神上的互相吸引，才能使愛情在婚姻內成長。這恰恰是婚姻中男女最容易忽略的問題。

三十三

有四個孩子在一起比誰的爸爸能讓自己最快樂。

第一個孩子說：「我爸爸是個大老闆，能給我很多禮物。」

第二個孩子說：「我爸爸有架大飛機，想飛哪裡就飛哪裡，每週都能給我買來外國的禮物。」

第三個孩子說：「我爸爸是個醫生，每天都有許多人來給他看病，他能幫助許多人，我感到很快樂。」

第四個孩子說：「我爸爸每天都在我身邊，他能陪我玩。」

有什麼能比孩子童年的時候，爸爸在身邊陪著一起玩更為快樂的事情呢，這種快樂隨著孩子的長大而長大。

父愛能給孩子很多母愛帶不來的歡樂，這種歡樂對於孩子的成長至關重要。

 三十四

有人說，人年輕的時候總想到山那邊的沙漠去看一看，以為那裏一定比這邊美。等到真的去了那邊，你會發現，人間的每一片沙漠都是一樣的。

人年輕的時候，也是幻想最多的時候，總以為下一個會更好，其實，只要是人，只要是在人群居的地方，很多東西都是一樣的，並沒有多麼大的差別。這些都是要人從年輕到成熟，經過一次次的跌倒才會明白的道理。

到了不再想「山那邊的沙漠」的年齡，人生就要開始和

自己的麻木作戰了。一代一代人都是這麼走過來的。

三十五

適應和創造是兩種完全不同的才能,在如今的生活中,適應取代了創造,變成了一種獨特的才能,消費取代了感受,變成了生活的目標。靈魂的缺席出現在很多人的生活當中。久而久之,人都變得麻木不仁,聽任自己物質的要求四處氾濫。

事實上,每個人的人生品質取決於他靈魂生活的品質,一個沒有時間讀書,沒有時間思考,沒有時間獨處的人,也不想有意的去擠出獨處的時間,怎麼會有靈魂生活呢?沒有靈魂生活的人,在純粹的物質消費過程中,漸漸地把自己的生命都消費完了,他還渾然不覺。

這樣的生命是可悲的,在現實生活當中,這樣的生命比比皆是。

 ## 三十六

一個人在生活中,看到的多是人類的優點,面對人生是帶著豁達開朗的笑容,生活也就會回饋他這樣的笑容,如果整日關注於人性的缺陷,人類生活的陰暗面,生活在一種對生活的憎恨之中,生活也必定會用這樣的方式來回

贈他。

這就是真實的人生。在實際生活當中，任何東西都沒有一個人的生活態度來得更為重要。

 三十七

清人張潮說：「能閒世人之所忙者，方能忙世人之所閒。」世上的人大都在名利中撲騰，整日忙得團團轉，根本無暇思考。對生活有獨特追求的人，對這種忙碌是不加理會的，他有自己的追求。

他忙的都是別人無暇思考的人生大問題：我從哪裡來？我為什麼活著？活著的意義是什麼？──在這些問題的思考過程中，他度過了自己的一生。

人生正是有了這種人的探索，才顯得豐富多彩，純粹的名利不過是過眼雲煙，只是身在名利當中的人，察覺不到這一點罷了。

 三十八

一個人的精神品味決定了一個人的休閒方式。有的人休閒喜歡呼朋喚友打撲克、搓麻將，一玩就是一天；有的人喜歡和朋友泡咖啡館、泡茶館，一泡就是好幾個小時；

有的人喜歡大吃大喝，一醉方休。生命對於他們來說，休息就是打發時間，能夠不知不覺地把時間打發了，比什麼都好。在他們看來，在那裏亂想什麼人生之大問題的人，真是傻子一個，不會放鬆自己的人，活著有什麼意思。

他們卻不懂得，人群中採取休閒的方式是各不相同的，活著的意思常常是那些會思考的人思考的結果。

相比那些把思考作為人生放鬆的人，還有一些是唱卡拉OK的，跳舞的，到健身場所去健身的，靜靜地閱讀書報的，投入地欣賞音樂的，這些都是品味較高的休閒方式。

休閒方式完全是因人而異的，個人的品格或說是精神品味決定了人的休閒方式。人類本來就是由多種多樣的人群構成的，人類存在的多樣性才有了人類健康的發展。

 ## 三十九

當一個女人置身於琳琅滿目的百貨公司裏，能夠低聲問自己：「這些東西能給我帶來長久的快樂嗎？」選擇的時候就多了一份理智。

她會用省下來的錢去為自己的精神購買一份快樂。

四十

　　一個女人的追求，能夠達到「物質上做貧民，精神上做貴族」的高度，這個女人的一生肯定是不平凡的一生，因為她衝破了物質對女人的封鎖，達到了一種能按自己的意願自我追求的境地。

　　很多女人一輩子都是物質的奴隸，為之傷心，為之憤怒，為之恨恨不平的多是物慾的不能滿足。一旦女人通過自身的不斷學習、修煉，能學會在精神上追求更高境界的時候，她會對曾經僅僅追求物慾滿足的自己嗤之以鼻。

 四十一

　　所有的女人都應力爭做這樣的人：做一個有遠大目標，同時不忘自己是生活在現在的人，一個選擇對自己的才能和可能性有挑戰性的人，一個對自己的成就和社會承認感到驕傲的人，一個自尊、自愛、自由和自信的人，一個有社會交往也能享受人際關係的人，一個樂於助人並接受幫助的人，一個知道自己能夠承受痛苦和挫折的人，一個寬容、慈悲為懷的人，一個能從日常生活小事上感到快樂的人，一個有愛的能力的人，一個有著自己精神生活的

人。

四十二

一個人的精神發掘史就是閱讀史，一個民族的精神境界取決於民眾的閱讀水準。

沒有閱讀相伴的人生是枯燥的，是沒有深度的。

沒有閱讀習慣的民族無法走向強大。

閱讀對一個人到一個國家，都是極其重要的事情。

四十三

如果一個人不閱讀，就會缺乏智慧和判斷力；如果一個女人不閱讀，就很難建立起一個和諧、溫馨、有趣的家庭；如果一個民族不閱讀，它的文化必定會喪失創造力和批判性，自主創新就會成為一句空話。

四十四

幸福的婚姻需要依靠誰？當然是需要依靠婚姻中的女人，女人是婚姻這條船上的舵手，舵手做得如何，全靠女人自身的素質。

女人經營好自己，是經營好一個家庭最根本的保證。

　　女人若要經營好自己，應從以下三個方面思考問題。

　　第一要心理狀態優良，能控制住自己的情緒，不隨意在家庭中製造問題。

　　第二要看兩個人的性格，是相似還是互補，互補比相似好，但若是相似，女人還是從製造差異上入手，多製造點差異，對婚姻有好處。

　　第三要看兩個人的價值觀，是衝突的多還是相似的多。相似多的人生價值觀是婚姻的基石，有了這種基石婚姻就牢固得多。

 ## 四十五

　　一個有成就的人，往往會比一個普通人經受的痛苦多。世上沒有花很少的代價就能夠取得成功的人。生活鐵定的法則是公平的：你付出多少就會收穫多少，不付出就沒有獲得。

　　有人曾舉一個形象的例子說，上帝在每個人命運天平的兩邊放東西，一邊放上名利、地位、成功等，一邊放上同樣重量的代價砝碼。

　　其實，每一個人一生的得到和付出是一個常數，它們大體相等。

四十六

　　學會獨處，是一個女人整理、放鬆、提升自己最好的方式。獨處，可以是獨自讀書、聽音樂、寫日記，可以是靜靜地冥想，神遊八極。獨處能給女人帶來高品質的精神滋養。

　　一個學會獨處的女人，就學會了真正的獨自去面對生活，儘管生活路途中會有種種不測，學會獨處，就能獨自面對一切。生活中沒有人能真正的幫助一個人，一個女人真正能夠依靠的人只能是自己。

 四十七

　　生活當中最痛苦的人，就是那些追求完美的人。追求完美固然沒錯，但放在人生更深的背景中來說，追求完美就顯得不夠理性。

　　我們賴以生存的這個世界，萬事萬物都是殘缺的。作為萬物中的一個人，在這樣的背景下生存，不完美是必然的。「人有悲歡離合，月有陰晴圓缺，此事古難全。」是古人道出對生命不完美的認識。懂得了這個道理，就能把自己過分追求完美要求放得低一點，客觀一點，人生就多

了許多從容。

 四十八

什麼是幸福？幸福就是你想的、你說的、你做的這三樣東西最和諧相處的時刻。

這樣的時刻在每一個人的生命中出現得不是太多，但總會有出現的時候，所以，人生命中的幸福就顯得彌足珍貴了。

 四十九

人的慾望是無休止的，只有不停地產生的慾望，才能給人往前行的動力。倘若有一天，世上有了這樣的高科技產品，讓人的一切慾望都能得到滿足，那將會是一個死氣沉沉的、沒有任何活力的世界，因為所有的東西都停止了自己的生長。

無休止的慾望對人類社會來說是永動機，是常青樹，所以，永遠不要希望出現能夠完全滿足人類慾望的機器。

 五十

一個女人若能有這樣的眼光，站在地球之外看這個地

球，人的心胸就會廣闊了許多。對這個地球上發生的事情，就有了更宏觀的理解，對這個地球尚未發生的事情，就有了一些預測。

眼光決定了胸懷。

 五十一

大部分女性，最容易為生活中的小事和事物的外表不如意而煩惱，日常的繁多雜事，堵塞了她們靈魂的通道，她們只能停留在物慾的水準上，無法超越自己達到一個較高的層面。所以，世上很多女人的煩惱大多是物質的。也有極個別的女人，達到了在精神層面上追求，但這種女人實在是太少，大部分女人做不到，只好在日常的瑣事中撲騰終生。一旦到達精神層面的女性，就容易擺脫物慾的纏繞，給自己帶來一方新的天地。提倡女性有精神追求，是為了把她們從物慾的糾纏中解放出來。

 五十二

愛是什麼？愛就是自捨，就是放下自己。只有捨得自己，才能得到你為之自捨的真愛。

在婚姻當中，當愛成為一種交易行為、時刻算計自己

有沒有吃虧的時候，愛就成了一個空殼，形成的婚姻也就成了沙子堆起來的婚姻，經不起人生的一點風雨。

 ## 五十三

有美的身體，以身體悅人；有美的思想，以思想悅人。女人最理想的狀態應當是：既有美的思想，又有美的身體。這兩樣結合起來的女人，才是世上最美麗的女人。

 ## 五十四

命運壓垮我們的方式有兩種：一種是拒絕我們的願望，一種是完全滿足我們的願望。

不向命運低頭的人，多是在被命運拒絕願望的那一類人中產生。願望徹底滿足的人，是沒有能力去向命運挑戰的。

 ## 五十五

很多女人都怕自己變老，覺得自己變老的樣子一定很可怕，恐怕連自己都不能忍受。事實上，不同階段的女人有著不同的美，散發出來的魅力也不盡相同。女人在逐漸變老的過程中，最能使女人得到的好處是，終於知道了自

己的優缺點在哪裡，年輕的時候是不知道這些東西的，只有等慢慢變老才明白這一點。能夠享受自己的優點，應該是生命對於老年女人最好的饋贈。

 ## 五十六

優雅地變老是每一個女人的夢想，但優雅決不是自然而然產生的，它需要女人自身的努力和生活中的用心才能夠得到。在女人逐漸變老的過程中，成熟、優秀、文雅、嫻靜、溫柔等各種氣質逐漸形成，它們融合在一起，變成了女人的風度，這種風度用一個詞來概括，就叫優雅。

在女人的不斷努力中，這種優雅會隨著女人年齡的增大，而逐步加強。

 ## 五十七

愛無能是現代社會流行的一種疾病。作為一個女人，如果妳能真心的愛上一個人，為愛他妳甘願受累、受苦，能讓他得到歡樂是妳最大的心願。那麼，妳的身心是健全的，妳是有能力愛的一個人。

生活中，有了愛的能力才會有一切，連愛的能力都沒有，還有多少美好的事情能夠實現呢？

五十八

有一些很冷靜、很理性的女人，在遍覽了女人的婚姻史後，發出這樣的感歎：女人嫁誰都是錯！從女人要求男人各方面都完美的角度看，這樣的慨歎沒有錯，但是，女人有完美的嗎？

人類生存的這個世界本身就是殘缺的，這個世界上的男女兩個性別也都是殘缺的，既然是這樣的現實，要求男人完美不就是一個永遠也達不到的彼岸嗎？

選擇愛人，其實就是選擇那個你能忍受他（她）缺陷的那個人，承認缺陷，而且不迴避缺陷，就會有一份好的婚姻。

女人嫁誰都是錯，從表面上看是正確的，其實是很偏激的，既然嫁誰都是錯，女人就不要嫁人了，可女人能夠忍受那種孤身隻影、形影相弔的孤單嗎？能夠消受那種萬種滋味無人訴說的寂寞嗎？女人何時不在心裏期盼著愛情的降臨呢！

人生本來就是一個悖論，很難用對錯來界定。

五十九

女人年齡大了，用讀書來填滿時間是一種很實用的快樂方法，前有古人智慧總結的著述，後有新人新銳思想的佳作，小至花鳥蟲魚，吃穿遊玩，大至騁目抒懷，神鶩八極，可和智者交談，可到任何一個家庭裏去探訪，甚至可以走進妳想進入的某一個人的心靈世界——

清風拂面，清茶做伴，樂哉，樂哉。

或在清晨清風徐度之時讀書，或在夜晚朗月臨窗之時閱讀，或端坐於書桌前，或斜倚在床上讀書，都能為自己創造一份雋永的、有滋有味的生活。

 ## 六十

清人李模的《半半歌》，可以說道出了人活在世上的真諦。

看破浮生過半，

半之受用無邊。

半中歲月盡悠閒，

半裏乾坤寬展。

飲酒半酣正好，

花開半時偏妍。

半帆張扇免翻顛，

馬放半韁穩便。

人生的智慧就是掌握好「半」這個度，也就是禪宗所推崇的一個境界，叫作「花未全開月未圓」。

花全開了，也就該謝了；月全圓了，也就該缺了。人生最好的狀態是花半開，月半圓。只有在這時，人心還有所期待，有所憧憬，只有在這時你才能真切的感受到人生的美麗。

人生的朋友之道，親人之道亦都如此，留點距離，大家的感覺都好！

 ## 六十一

誰說老年人沒有愛情？這時的愛情更多的是精神上的相互吸引，生活中的相互幫助。此時的愛情少了生物性的成分，多了愛的純粹，更多精神上的愛，使得這個年齡階段的愛情發出了奪目的光彩。

有了愛情的老年人，會比一般的年老人顯得更為年輕、有朝氣。

六十二

世上最貴重的東西都是免費的，陽光、空氣、星空、月光、親情、愛情、友情、信念、理想、激情——這些都是錢買不來的東西。在人類生活的環境裏，凡是能用錢購買的東西都不是最貴重的。

生活是公平的，把所有免費的東西送給了每一個生命，就看每一個生命如何運用這天賜的最貴重的禮物了。

 ## 六十三

年輕的時候，盡自己最大的努力去做一個對自己、對社會都有用處的人，這樣，人才活出了自己的價值。當年老了，做不動工作了，對社會失去價值的時候，能夠坦然地接受這一點，即便是被社會拋棄了，也能心安理得地享受自己晚年的幸福。

這才是活得最有智慧的人。

 ## 六十四

和自己內心的孤獨和寂寞作戰，是每一個有著自己內心生活的人的切身體會。面對外部世界作戰的時候，可以和別人做伴，可以有團隊精神；但面對自己內心世界的時

候，作戰的只能是自己。

有著自己內心生活的人，一定會思考生命的終極意義，我活著的生命價值等一系列的問題，這種思考很可能會導致虛無，導致更大的痛苦。面對「向死而生」的人生，人一天天逼近的只能是死亡，人只能是在從生到死這段有限的時間裏掙扎，明白這一切的時候，人的痛苦感會更加強烈。

正是這種痛苦給了人較高的生命品質，也給了人熱愛生命的理由。在世俗生活中，活得興致勃勃的那個人最大的動力，正是來自於他孤獨時分對於生命的思考。

 ## 六十五

那米粒般大小、散發著油墨清香的文字，就這樣組成了一幅幅立體的畫，畫上人的喜怒哀樂都一一浮現出來，或讓人歎息，或讓人憂愁，或讓人興奮──就這樣被他們的命運牽著，走過了一個個上午或下午，時間悄沒聲息的流走了，讀書的人卻沒有覺察到。這就是文字的魅力，這就是閱讀的快感所在。

六十六

　　女人一個月要有幾天，有意地躲開電視機、報紙、雜誌等一系列大信息量的載體，潛心地閱讀幾本能夠滋養自己靈魂的圖書，讓閱讀主宰自己的生活，你會覺得生活原來是這樣的豐富，這樣的多彩。

　　大信息量的載體多是平面的，而閱讀帶來的想像空間卻是立體的。在平面的空間裏生活久了，人會變得膚淺、短視；而在立體空間裏，人更容易找到自己是一個人的感覺。

 ## 六十七

　　人生不能決定自己生命的長度，但可以擴展自己生命的寬度；不能決定自己的長相，但可以展開自己的笑容；不能控制生命的不可知因素，但可以做到做事盡心盡力。人生有多少種不能左右的東西，就有多少個可以應對的方法。

　　問題沒有方法多，是樂觀的人信奉的信條。

 ## 六十八

　　巴赫音樂中安詳與喜悅的基礎是受難，亦即安詳與喜

悅所站立的真正的地點是心靈的苦難。巴赫的音樂把它們轉化成了甘甜，對內心痛苦的態度，決定了他音樂的走向。

對音樂的欣賞也是由個人的人文素質的高低來決定的，對心靈發問的問題越多，越需要音樂來進行心靈的撫慰，因為人類的很多苦難是由人性的缺陷形成的，是個體努力無法解決掉的事情。為了從這種苦難中解脫，欣賞音樂是一種最好的辦法。

在音樂欣賞中去感受一座座心靈大廈的存在和難以把握，感受找不到出路的猶豫和徬徨，感受親近大自然的愜意和歡暢，感受接近靈魂家園的歡樂和安詳──

 ## 六十九

任何一個人都需要一個安置靈魂的地方，這也是人和動物之間最大的區別。人世間的各種宗教所起的作用，就是安置人的靈魂，不管是哪一個宗教，都起著安置靈魂、淨化靈魂、提升人類本身的作用。除去宗教，藝術也是人安置靈魂的地方。在藝術欣賞中，人能夠感受到自己超越自己的那種歡樂，能夠擺脫平庸事務的纏繞，讓自己的靈魂登上高臺，去觀賞天邊雲霞的精彩。

人，只有把靈魂安置好了，才能稱得上是過上了高品質的生活。

 ## 七十

生活和人生本來就是殘缺的，可是你非要人為的去追求圓滿，達不到就傷心、難過，把自己的日子過得暗無天日。這怪誰呢？只能怪自己。怪自己缺乏人生的智慧，缺乏應有的氣度、胸懷和眼光，看不破人生本來就是不完美的真相，因此，生活品質就大為下降。

正確的人生態度是明瞭一個人在這個地球上生活，本身就是不完美的，如同世上沒有一個完美的人。學會在殘缺的生活中，發現生活的美麗，找到人生的快樂，在有瑕疵的生活中，高一腳低一腳地、滿懷信心地向前走，在行走的過程中找到屬於自己的那份快樂。這就是有智慧的、最實在的人生。

七十一

正是人類想像力的存在，才使得短暫的人生變得永恆。想像力是人類精神世界中的太陽，太陽的光輝把人生的世界照耀得五彩繽紛。

一個民族沒有想像力是沒有後勁的。

一個人沒有想像力註定做不成什麼事情。

愛因斯坦說過：「想像力比知識更重要。」因為知識是有限的，而想像力概括著世界上的一切，推動著人類的進步，並且是知識進化的泉源。

 七十二

做自己的朋友，尤其是做自己的「另一個」朋友，人生就會自如許多了。這個「另一個」是高於世俗生活的，是能夠擺脫日常生活煩瑣精神的自己，這時的女人就有了一種堅實的力量，能夠抵禦來自生活方面的煩惱和憂愁。

當一個世俗的自我、一個精神的自我，同時在一個女人身上出現的時候，女人就達到了做自己的「另一個」朋友的目的。

 七十三

美貌的女人笑在最初，智慧的女人笑在最後。一個女人集美貌和智慧於一身，就會有一生的順風順水。

七十四

　　人生是需要有冒險精神的。生活中的冒險無非有兩種結果：如果成功，你會很高興，你享受了人生從未有過的感受；如果失敗，你會變得更加理智，因為你發現了自己在哪些方面還有所欠缺。

　　能夠享受冒險精神，就是超越了成功和失敗。

 ## 七十五

　　精神的戀愛，物質的婚姻，是人的一生要走過的路程。從戀愛進入婚姻都有一個不適應期，彷彿一下子從天上走到了煙火人間，過日子僅有精神的戀愛是遠遠不夠的，物質化的婚姻，常常會摧毀那些虛無縹緲的感覺而進入實際生活，除了柴米油鹽的進入，還有雙方的社會關係、家庭背景、人生觀、價值觀、生活習慣、對物質的態度等，都加進了兩個人的生活。沒有融合和包容是無法將婚姻進行到底的。

　　其實，婚姻就是一種責任，是兩個人攜手過的每一個日子。有精神戀愛做基礎，有婚姻中的相互包容，有兩個人的不斷努力，就能過很好的婚姻生活。

七十六

一個人外表的光環有多亮，背後的痛苦就有多深，能把背後的痛苦當作享受來享用的人，他一定是遠遠的超越了自己。

 七十七

婚後兩個人生活中，細細密密的愛是流淌在每個細節中的，如每天清晨你給對方擠上牙膏，在對方進家的一瞬間，你遞上了準備好的拖鞋——在每天的生活中，有無數小小的細節在滋潤著婚姻，溫暖著屬於兩個人的世界。

 七十八

享受和感受是人生活在這個世界上的兩大特權，享受是屬於肉體的，感受是屬於靈魂的。

享受可以是錦衣玉食，可以是美屋華居，可以是名車名包，可以是奢侈品在自己的身上到處氾濫——再怎麼享受，人也只有一個身體。對人來說，享受可以說是有限的，是能看到盡頭的。而人的感受對人的生命來說卻是無限的，對自然山水的感受，對愛情、親情、友情的感受，對日月星辰的感受，對善良真誠的感受、對美好德行的感

受——每一種新奇的感受在不同的時期，不同的階段，散發出動人的魅力，讓人永無休止的盼望著，這些新奇美好的感受在自己的身上降臨，讓自己觸摸到生命華美動人的旋律。

 七十九

女人為什麼要愛智慧？愛智慧其實就是用哲學的眼光來看周圍的世界，哲學能給女人的人生真正的慰藉。

這個世界是殘缺的，人生有種種的不如意，這些不如意是無法逃脫的，怎麼辦？面對人生不可改變的缺陷，只有靠我們自己用智慧去調整我們看待世界和人生的眼光。當我們看到了整個人生的全景和限度，就能夠站在整體的高度上，與生活中的一切不順利、不遂意拉開距離，進而使我們痛苦的心靈得以安放。

 八十

經過歲月沉澱的成熟女人，那氣定神閒的微笑、寵辱不驚的淡定、風過無痕的從容，給女人帶來的是氣質的高拔，品格的出眾，這些決不是那些驚豔絕世、徒有其表的女人能夠學來的。

　　成熟的女人必定經過風雨的摧殘，爬過陡峭的山峰，涉過湍急的河流——她們用自己的頑強，用自己的智慧，一步步的走到了生命最美麗的階段：寵辱不驚，看庭前花開花落；去留無意，觀天邊雲卷雲舒。

八十一

　　生命中不停地為自己製造高潮的，只能是自己創造能力的爆發。正是創造力的存在，才使得人類變得生機勃勃。

八十二

　　人生在世，大約有百分之十五的幸福，與收入、財產或其他財經因素有關，而近百分之九十的幸福，來自諸如生活態度、自我控制以及人際關係。當人的基本需求滿足之後，再多的財富給他帶來的幸福感微乎其微。

八十三

　　女人要有開闊的胸懷、磊落的胸襟，處理起各種繁雜的小事情才能遊刃有餘。雞腸小肚、斤斤計較的女人是男人最不喜歡的，也是最容易產生婚姻裂痕的原因所在，而

家庭正是產生很多小事情的地方，若女人沒有大的胸懷，很容易把家庭的事情處理得一塌糊塗，男人不喜歡，女人不幸福，婚姻也就沒有了生命力。

女人開闊的胸懷來自於自身深厚的學養，良好的素質，高雅的情趣，來自於內在的精神生活，來自於女人自身有良好的自我調節能力。只有具備了這些條件，女人才可能達到對生活瑣事超然對待。

女人的命運就掌握在女人手中。

 ## 八十四

人剛生下來的時候都是兩手握拳，人死的時候又都是兩手攤開。每個人都要走過這條從握拳到攤開的人生路程。

人的生命從開始成長就不停的用手抓東西，至成年後更是抓名利、抓地位、抓財富，一輩子都在用手辛辛苦苦地抓，到頭來兩手一攤，什麼也拿不走。

一個人的人生和整個世界比起來是那麼的渺小，就是整天能抓東西，又能抓多少，即便都抓到了，又有多少能夠帶走？與其這樣，還不如人在活著的時候，多奉獻一點，多給予一點，多為他人著想一點——雖然最後也是攤

手而去，但是這雙手卻給人間留下了許多動人的故事。

 ## 八十五

面對人生的困厄，不同的人生態度，就會有截然不同的結果。

唐代的兩位詩人柳宗元和劉禹錫，他們在困厄面前不同的人生態度，決定了他們不同的人生。

他們都是因為政治的原因，被貶到了極為偏僻的地方，擔任地方的小官——司馬。從廟堂重臣淪為鄉野小吏，柳宗元不堪打擊，悲歎、哀怨，整日愁眉不展，結果很快丟掉了生命。

劉禹錫卻是坦然的面對逆境，用自己的熱情去擁抱生活。多年的艱苦生活，並沒有磨掉他對生活的樂觀態度，直到後來，他又重返長安，安享了自己的晚年。

每個人的人生不可能都是順途，遭受困厄的時候一定是有的，最後的結果怎樣，取決於每一個人的胸襟和氣度。

 ## 八十六

在所有的花卉中，唯有白花最香。那些五顏六色的鮮

花，比起白色花朵的香氣來，都會遜色很多。

花的香氣和人一樣，愈是樸素、低調、內斂、有自己精神生活的人，愈是有著醇厚的香氣，能和這樣的人打交道，自己也會沾滿香氣。

交朋友一定要交有著白色花朵香氣的人。

 ## 八十七

讀書讀到了一定的境界，是會愈讀愈少的。青少年時期，博覽群書，能給自己的未來打下良好的基礎，這是第一重境界。後來讀書就有了選擇，有可能是選讀一些自己感興趣、對自己的創新有所幫助的人寫的書來看，這是第二重境界。再後來所讀的書的範圍更加狹小了，也可能就是一兩個自己最喜歡的作家的書，這是讀書的最高境界。因為這時的自己，已進入到了人類精神金字塔的最高層，所能選擇的作家的書，也只可能是屈指可數了。

 ## 八十八

女人一定要堅守自己的性別，做一個純粹的女人，但這個純粹的女人是經濟獨立的，是有個性的，是為自己而活的，是有知識、有智慧的女人。只有這樣的女人才能常

活常新。

　只有常活常新的女人才能給男人帶來新鮮感，帶來永不衰竭的審美，女人也就有了永遠的吸引力。

　優秀的女人一定是有女人味的、高素質的女人，只有這樣的女人才能把握住塵世上最實實在在的幸福。

 ## 八十九

　人活世上，慾望是永無止境的，我們一定要明白，人活一世是決不可能實現所有願望的。所以要學會放棄，不要讓太多的願望主宰了自己，進而擺脫失望給自己帶來的心理不平衡。

　心理平衡是人類很好的生存關鍵因素之一，有了心理的平衡才會有生理上的平衡，有了生理上的平衡，人體的各個系統才能處於最佳狀態，也就減少了疾病的發生。

　心理平衡其實是一種理性的平衡，是人格昇華和心靈淨化後的崇高境界，是寬厚、善良、智慧的結晶。人如何把握自己，主要看能否做到心理平衡。

 ## 九十

　世界說簡單，就男女兩個性別，人世間發生的所有的

故事，都是在兩性間展開。說不簡單，就因為這兩個性別中的每一個男女的心，都是千差萬別，千姿百態，色彩紛呈，正是這些差異構成了人類複雜的感情世界。

九十一

更年期的女性雖然要經受諸多的身體不適，但這時的女人終於從對孩子的操勞中，從被生理狀況的限制中解脫出來，相對年輕的時候，得到了另一種輕鬆。

這個階段的女人，要學著去做自己一直想做的事情，勇敢的挑戰自己，才能為自己打造出一片嶄新的天地。

九十二

婚後的女人要做到真正的以柔克剛，即是從這麼幾個方面來展現的：溫柔而不失自尊，依人而不失自強，糊塗而不失原則，付出而不圖回報。也就是，講理、講善、講關懷。在日常生活中，讓女人全都做到是有一定的難度，但女人盡自己最大的力量去做，婚姻就能一直保持很好的狀態。

九十三

忘記也是一種代謝。既然不愛了,就要學會忘記。一個整天陷入不愛的苦悶中的人,除了自己折磨自己,什麼也不能給自己帶來。一個不會忘卻的大腦,如同一個只會進氣,不會消氣的氣球,早晚會把人給憋死。

 ## 九十四

山頂立和海底行是人生的兩種狀態。人在年輕的時候容易有山頂立的願望,樹雄心,立壯志,認為只有博上山頂才能盡享「一覽眾山小」的豪邁。山頂立自有山頂立的妙處,也會有高處不勝寒的寂寥。人到中老年時期,海底行的意願就強烈了許多,看了太多的人世炎涼、世事滄桑,就有了一顆平常寬容的心。

爬山頂需要勇氣,入海底得有慧根。無論是爬上山頂還是入得海底,都是人生的一個過程。能夠心平氣和的享用這個過程,並為自己曾有過的雄心和壯志而感到自豪,不管自己有沒有達到過山頂立,人生都會因此多了許多從容和優雅。

九十五

　　生活就像是一場比賽，它不是百米衝刺，更像是越野長跑。如果是一直不停歇地疾跑，不僅贏不了比賽，也無法堅持到終點。

　　生活是需要有耐力的跑一段、走一段來度過的。

 ### 九十六

　　只有對人生的全部內容都能看透的女人，才能做出這樣的回答：我的快樂在哪裡？我的快樂在走向天堂的路上！

 ### 九十七

　　有一個關於三隻小老鼠的故事講到：過冬前，兩隻老鼠都在為過冬準備食糧和禦寒的物品，另一隻小老鼠卻在陽光下東遊西逛，一會兒看看天，一會兒躺下來靜靜地冥想。隆冬到來的時候，地下有吃的又很暖和，老鼠們還是感到了無聊，而那隻在陽光下東遊西逛的小老鼠，開始講起了他知道的趣聞和各種快樂的事情，把大家無聊的感覺驅散了。這隻小老鼠說他是在為大家儲備過冬的陽光。

　　當一個人豐衣足食的時候，最難打發的是精神的無

聊。所以，每個在職場上為累積財富而打拼的人，千萬不要忘記為自己儲備好過冬的陽光。不然，擁有再多的財富也沒有幸福感。

 ## 九十八

美在形貌，稱美女，美在風骨，方為美人。美女如花，美人如樹。女人活一世，終極的目標應該是被稱為美人，因為到了這樣一種境界，女人才活出了屬於自己的味道。塵世上的大多數女人，都忙於在自己的形貌上下功夫，真正注重從內在上提升自己的女人，只是小眾，不是大眾，所以，美女滿街卻難覓美人也就不稀奇了。

只有是大智慧的女人，才會在打造自己的靈魂上下工夫，千錘百煉，最終成為一個有著自己獨特風韻、任何人都不能複製的真正的美人。

 ## 九十九

美好的愛情應該是無條件的給予，一心想的是怎樣讓對方快樂，怎樣讓對方的世界愈來愈大，視野愈來愈寬闊，給予對方的感覺是身心的愉悅，如啜甘露，如沐春風。這種愛情締結的婚姻才會愈過愈長久。

另一種愛情是自私的佔有和索取，不給對方留一點空間，用愛的名義，懷疑、盤問，讓對方徹底找不到了自己，用這種愛情締結的婚姻只能是失敗。

 一百

人生中的每一天都要當成是生命的最後一天來度過，要求自己過得充實，過得愉快。這樣一天天串起生命的日子，才會是高品質的人生。

不要等待什麼人生最隆重的日子來臨，生命中的自己能夠暢快地呼吸，能夠健康活著的每一天，都是自己最隆重的日子。

兩性之間

能夠讓愛長久的，不是男人的諾言，
而是女人的信心

一

婚姻中，男人因道德的約束而不越軌，女人因愛情的約束而不出軌。好色是男人的本性，但有的男人能用理性控制住自己，是自己的道德觀起了作用。而約束女人的不僅是道德，更重要的是來自於男人的愛情，當丈夫表現得無可挑剔的時候，婚外就是有再好的風景，女人也會自覺地約束自己。

一輩子有著很好婚姻的男女，皆因為男女都有了約束自己的理由。

成為一個人，在社會上生存，就會有約束存在，就會有來自於精神的指令，而動物決不會有這些，這也是人和動物最大的區別之一。

二

一個人的一生中需要面對的可能就是那麼幾個人，交往的圈子再大，也不過幾十個人，把自己和這些人的關係理順了，自己的日子也就太平了。

普通人一生的人際關係空間並不大，一個人處理人際關係能力的強弱，決定了他的幸福程度。

三

死亡之必然是人類無法逃脫的痛苦的命運，但生的快樂來源於人生對困難和死亡對抗的過程之中。既然死亡是人生唯一可以確定的事情，人就不必用太多的時間去思索死亡的概念。既知死，才更加熱愛生，應是每一個活著的人健康的心態，讓自己的生命在與困難和死亡的一次次鬥爭中，開放出意義的花朵來，是每一個生命最重要的事情。

 四

優雅沒有固定的模式，每一個優雅的女人都有自己獨特的優雅味道，這是與每個女人的成長背景、個人修煉、學識結構、氣質、愛好等各種條件密切相關的。

認識到優雅對於女人的重要性，並身體力行去做的女人，就已經走在了通向優雅的路上。

 五

女人若用小心眼、沒有善心等缺乏修養的表現，把自己打造成痛苦的港灣，幸福的船就一定會在別處靠岸。

六

　　職場上的女人一定要以老闆的心態去打工，即是要把這份工作當成既是為得到那份薪水，又是在為自己獨立創業創造條件。剛工作的時候，不必太計較薪水的多少，要把技能的提升空間，經驗的積累，品格的塑造等方面看得很重，因為這些對自己的未來才是至關重要的。

　　從遠處著想應是職場女性必備的智慧之一。

 ## 七

　　一個女人一生中從沒有過失戀的經歷是遺憾的。失戀說明一個女人曾經投入地愛過，曾經為此付出了全部的愛情。因為各種各樣的原因，和所愛的人不能終成眷屬，成了女人心頭永遠的痛，變成了女人的一份愛情遺產，深深地埋藏在心底。正是這份遺產豐富了女人婚姻以後的精神生活，讓她在每一次孤獨寂寞時分都能有所懷想，有所留戀，都有一種尖銳的痛，讓她感受到人生的多種滋味。

　　從沒有失戀過的女人，生命中就少了一種人生的滋味。

八

　　女人大都很關心自己的容貌，可是女人不知道，自己前半生的容貌是父母給的，後半生的容貌是由自己的思維方式確定的。

　　人的思維方式大體分為正向（積極性）和負向（消極性）兩大類，正向思維的人樂觀、積極、寬容，容易發現和欣賞別人的長處；負向思維的人消極、心胸狹窄，多抱怨、多嫉恨，看不得別人的好，誰都不入她的眼，看誰恨誰。

　　科學研究證明：正向思維的人比負向思維的人壽命長，容貌明顯漂亮年輕。

 九

　　人到中老年時期才終於明白，人生中的孤獨、寂寞、痛苦、失敗，是和生活中的幸福、快樂、喜悅、成功同步存在的，少了任何一種元素都不叫人生，它們在人生的大戲中扮演著重要的角色，少了任何一個，人生的大戲就不會那樣的豐富，那樣的厚重。

　　人只有活到中老年時期，才學會用感激的心情，去看

待曾經豐富過自己生命的那些經歷和感受，心胸才逐漸變得開闊起來。假如人活到中年或老年，還沒有產生過感恩的心情，不是愚笨、缺乏智慧，就是修養實在太差。

欲想經營好婚姻，激發婚內的愛情是一個重要的方面，激發的方法是多為婚姻尋找一些興趣點，比如，定期到外面吃飯、旅遊，共同做一些都感興趣的事情，或是共同看電影、牽手散步等，都可以創造出溫馨浪漫的氛圍，為婚內愛情的不斷更新創造條件。

婚內愛情的創造，完全是在理性的指導下進行的，只有這樣，婚姻才能取得較好的效果。

在生命的高潮階段，享受它；在生命的低潮階段，忍受它。享受生命使自己的人生飽滿有力，忍受生命，使自己的人生充滿韌性。這是每個人都能享受到的幸福，因為高潮和低潮的感受每個人都有。

人生中，沒有低潮就沒有高潮，反之亦然，這是一道每個人必享的人生盛宴。

十二

　　讀書是人一輩子的事情。生命的前半部分讀書是為了「謀生」，為了有一份工作，為了得到提升，為此要讀各種各樣實用的書。生命的後半部分讀書就成了「謀心」，為了尋求靈魂的安寧，為了給自己的心尋找一個家園。這樣的閱讀，能很快的讓自己的生命愉快起來，快樂精神成了過後半生的人們在讀書中能夠得到的東西。

　　人的一輩子不在讀書中度過，肯定會缺少很多美的體驗和享受。

　　「無事則靜坐，有福則讀書。」是一種智慧的人生態度。

 十三

　　人生有三重境界：第一重境界是看山是山，看水是水；第二重境界是看山不是山，看水不是水；第三重境界是看山還是山，看水還是水。

　　第一重境界時，人生充滿了激情、理想，看山看水都容易發出感慨，天下者，我們的天下；國家者，我們的國家，在這個階段最容易發出各種各樣的豪言壯語。到第二

重境界時，辛苦奮鬥了大半輩子，該付出的全都付出了，到頭來才發現實現自己的理想卻是那麼難。等人活到了第三重境界的時候，生命已真正的進入到了淡定、從容的階段，生活中的一切在眼中都自然化了，什麼都變得可以理解了，豪邁的話語聽起來也只是笑笑了。所以，看山還是山，看水還是水，順其自然，是人生的最高境界。

 十四

　　人世間所有的愛情，不管一開始是多麼的鮮美甘甜，到最後都會變成傷害和疼痛。許許多多走過這個過程的男女，還都在心底裏渴望愛情，可又害怕愛情的降臨。

　　只要在心裏真正愛過，就註定要受傷，這是一個必然的過程，很多人因為害怕疼痛，最後導致了自己的愛無能。

　　在城市裏，愛無能像一種疾病一樣在男女之間蔓延。沒有愛情激情的點燃，只有舒服享受的生活，究竟能夠撐多久？在物慾的撲騰中，人靈魂的缺席還包括愛情的缺席，這不能不是現代生活中人類的一大悲哀。

十五

　　男人好色是本性所致。婚後男人的好色容易引起女人的反感和抵制，很多婚後的糾紛多來自於這個方面。事實上，在女人瞭解了好色是男人的本性之後，就沒有必要為他多看兩眼美女而大動干戈。很多時候男人的好色，無關風月，無關愛情，僅僅是喜歡、欣賞和心怡，最多是初看時怦然心動，多盯上幾眼，爾後便心靜如水了，因為理性和責任還在產生作用，人畢竟不是動物。

　　是美麗的女人誰不想多看上幾眼呢，女人對美麗的女人也是非常欣賞的呀！

　　女人不要有意的給自己找不痛快，對牽涉到男性本色的一些事情，睜隻眼閉隻眼好了，太清楚了只能讓自己更加煩惱，自己不讓自己生氣是婚姻中的最高境界。

 十六

　　生活簡單就是享受，心靈無慾就是美麗。當年孔子讚揚顏回「一簞食，一瓢飲」，陶淵明採菊東籬甘當「素心人」，宣導的都是節制物慾的簡單生活。

　　真正幸福的人就是那些從容、淡定、守住平淡的人，

他們甘於過簡單的生活，能夠節制住自己的物慾，真正的做了自己的主人。

 十七

蕭伯納說過：「人生有兩大悲劇，一是沒有得到你心愛的東西，另一是得到了你心愛的東西。」道出了人類生存的尷尬狀態。得不到是一種悲劇，得到也是一種悲劇。得不到的悲劇是痛苦，得到的悲劇是無聊。

假如對這兩種痛苦進行抉擇，得不到的痛苦似乎還更能讓人忍受一些。比如，在人的精神生活當中，經常思考一些人生沒有答案的問題，過程儘管痛苦，但它卻給了人許多思考中的快樂，這種快樂讓平淡的人生豐富起來。

 十八

每天這個世界都在產生著無數的成功和失敗。事實上，沒有永遠的成功也沒有永遠的失敗，有的只是人只要活著，就要走在這條成功和失敗交織的人生路途上。

人生中，成功和失敗是必然會有的，正確對待它們的心態不是每個人都會有的。要想活出高品質的人生，必須用智慧打造出好的心態來對待生活中的一切。

十九

女人變得智慧起來的捷徑，就是多和有智慧的人打交道，多讀有智慧的人寫的書。

 二十

世上的每個人都是上帝咬過的蘋果，這是表明人生來都是有缺陷的。有缺陷並不可怕，可怕的是人以自己不完美為藉口，從而失去了生活的信心。

事實上，生活給予每個人的東西都是一樣的，有的只是這方面多些，那方面少些而已，明白了這一點，何必去為自己某些方面的缺陷而暗自悲傷呢，挺起胸來，讓上帝咬過的自己這顆蘋果發出更誘人的甜香，這才是人生的最佳選擇。

 二十一

童年，人們曾經擁有永恆。在童年裏，人們總是認為未來有數不盡的美好時光在等著自己享用。

人一旦長大了，成熟了，就失去了永恆，開始知道了人生有限，知道有一個終點在前方耐心的等待著自己，人生只不過是一列有終點站的火車而已。

從喪失了永恆的那刻起，人們開始懷念童年。

 ## 二十二

存在，存在於今天，而且要作為快樂的存在。儘管我們看明白了人生是個很短的過程，而且是可以用數目來數清楚的天數，一切都在生滅流轉之中，為此我們就黯然神傷，我們就不快樂了嗎？我們要快樂，要在這有限的日子裏找到屬於自己的快樂。

大自然的每一個季節裏都有我們快樂的理由，山川、河流、田野——大自然的一切，都教導著我們要去快樂的享有生命中的每一天。

和人的生命一樣，天地萬物也都在生滅流轉之中，任何東西都逃不脫它的統治。正因為這樣，人的快樂才顯得那麼的彌足珍貴，才是人傲然於萬物之上的理由。因為人可以自己去尋找快樂，用快樂去抵擋那生命必然會有的生滅流轉！

 ## 二十三

能夠獨處、過自己內在生活的女人，一定有著不凡的氣質。僅僅是物質慾望的滿足，決不會讓這樣的女人有幸

福感，因為她在乎的是自己的精神，靈魂的充盈才是她衡量自己幸福的標準。

一個從未思考過自己的人生，從未詢問過人生的意義，從未探求過自己生命價值的女人，是可憐的。因為這樣的女人，心靈一定是空虛的，物質的滿足之後，等待著她的是百般無聊的空虛難耐。

 ## 二十四

女人「寧可抱香枝上老，不隨黃葉舞秋風」的精神，是一種積極和歲月抗爭的精神。有了這種精神，女人才能活出味道來。

任何女人都不會有容顏的永遠美麗，精神的永遠美麗卻可以存在。

和歲月作戰，和衰老作戰，和自己的壞情緒作戰，創造豐富有趣的人生，做一個有內在追求的、外表美麗的女人。

這樣的女人，無論在任何年齡階段都是美麗的，都是光彩照人的。

二十五

　　天下最美的女人，不是如蓓蕾初放的少女，不是青春逼人的年輕女人，最美的女人是剛做過母親的女人。

　　面對一個稚嫩的小生命，女人的目光裏流淌著慈愛，孩子的每一聲啼哭，每一個笑臉，都給了年輕的母親甜蜜的慰藉。這時的女人，臉上淌的是蜜，眼裏淌的是愛，心裏漲滿的是熱愛生活的激情。一個將要踏上人生之途的生命從她的手上開始起程，塑造一個人的肉身和靈魂的浩大工程從她懷上孩子的那天開始動工。

　　孕育和培養一個孩子的母親，是天下最美的女人，一個沒有做過母親的女人是她一生最大的遺憾，因為她人為地刪去了生命中最美的那個時期。

 ## 二十六

　　物與物之間的距離，是可以用科學的、客觀的、絕對的方法去丈量的，而人與人之間的距離卻沒有一種方法來精確地丈量。人與人之間的距離，更多的是會受到語言、教育、文化背景、財富、年齡等差別的影響。有一首詩，準確的描述了人與人之間的距離。

世界上最遙遠的距離

不是生與死

而是我就站在你面前

你卻不知道我愛你

世界上最遙遠的距離

不是我就站在你面前

你卻不知道我愛你

而是明明知道彼此相愛

卻不能在一起

世界上最遙遠的距離

不是明明知道彼此相愛

卻不能在一起

而是明明無法抵擋這份思念

卻還得故意裝作

絲毫沒有把你放在心裏

世界上最遙遠的距離

不是明明無法抵擋這份思念

卻還得故意裝作

絲毫沒有把你放在心裏

而是用自己冷漠的心

對待愛你的人

掘了一條無法跨越的溝渠

詩中描述的這樣的距離，用什麼樣的方法都丈量不出來，而且它是流動的，會隨著人情感的變化而變化的，世界上最難用方法來丈量的就是人與人之間的距離。正是這種距離詩化著人的心靈，讓人感受著美麗的折磨和痛苦、歡樂和幸福。

 ## 二十七

寫作是女性獲得自救的一種最好的方式。不是要求每一個女人都成為作家，起碼一個女人應該有記日記的好習慣，這樣就為自己的獨處找到了一個空間，平素被壓抑的多種多樣的情緒都可以在這個空間裏釋放，生活的碎片可以在記日記的過程中得到整合。當一個人獨自面對自己靈魂的時候，就能得到一種重返生活的巨大力量。

當今的女性生活在多重壓力之下，多重身份的相互轉換，給了她們太多的身心的負擔。做妻子、做母親、做職場上能征善戰的員工，都承受了太多的壓力，記日記是釋放壓力的最好的手段。

當然，能成為一個作家更好，在自己虛擬的天地裏，

做君王、做奴僕、做一個最最奇怪的人，一個最最普通的人——一切都由自己來安排。人為的給自己的生命提供了一個更大的舞臺來進行表演，這是一種非常難得的人生體驗。

在寫作中，女性能夠獲得控制自己生命的權利，誰都無權干涉，這也是女性成為作家最誘人的所在。

 ## 二十八

一個女人的修養是比她外觀的美麗更為重要的事情，一個事事處處都為自己打算，從來不從對方的角度去考慮問題，甚至無視他人存在的女人，無論是與其工作還是與其生活，都很快讓人索然無味。

女人的修養是與後天自身的努力分不開的，一個努力學習各種知識，追求智慧的女人，容易形成自己對世界的看法，也容易增強自我反省的能力。一個有自己的人生觀、價值觀，有內在智慧的女人，個人的修養程度一定會大大的提高。

 ## 二十九

一間物質的房子，一間精神的房子，是當今女性安身

立命之所在。物質的房子，在心理層面上等同與自尊、獨立、安全感，在現實層面上，則等同於投資意向、經濟利益；在實際生活層面上，等於有安放自己身軀的地方。再有一間精神的房子，安放自己的靈魂。女人能夠在這兩個房子裏自由的出入，就真正的自己做自己的主人了。

 三十

　　一個整日泡在電視機前，被一些肥皂劇、言情劇牽著自己走的女人，肯定是一個文化程度不高，生活品質極低的人，這樣的女人只活在物質的層面上，她不知道該怎樣去做女人。

　　生活中，沒有文化興趣的女人是可悲的女人，最可悲的是她不知道自己弱在哪裡，到成為母親去教育自己孩子的時候，她的文化缺陷就徹底的暴露出來。教育不好自己的孩子讓文化水準不高的女人吃盡了苦頭。

　　女人一定要趁年輕的時候，抓緊自己文化方面的學習，和圖書交朋友，到成為母親的時候也就有了做母親的資本，不但能給孩子一個健康的身體，更重要的是能給孩子一個卓越的靈魂。

三十一

　　為什麼有的女人做了母親，為了孩子的長大受盡了千辛萬苦，可是，長大的孩子並不尊敬她，這與女人自身的修養和素質還有自己的教育方法有著很大的關係。一個不懂教育，沒有思想，只關心自己和孩子物質方面滿足的女人，是會讓長大的孩子看不起的。

　　做母親不但是身體的付出，更多的是智慧的付出，讓孩子知道他長大的不易，父母付出的艱辛。嚴格要求自己的孩子，不溺愛，不嬌寵，和孩子能有朋友似的交流，都是非常重要的。在家庭的環境中，每一個細小的環節都影響著孩子的成長。做母親一定要學會營造出好的家庭氛圍，用自己的文化追求去影響孩子，教育孩子，只有內涵豐富的母親才是受孩子尊敬的好母親。

 ## 三十二

　　女人的美是分不同階段的，少女時期是如百合花一般純潔高雅的美，青春時期是如紅玫瑰一般熱烈奔放的美，做母親後是如康乃馨一般溫馨和煦的美，到了老年是如秋天的菊花一般寧靜素雅的美。不同的美貫穿了女人的一

生。女人一定要在自己不同的美的階段，將自己的美發揮到極致，才能真正的活出女人的滋味。

 ## 三十三

當一個女人對精神滿足的要求超過對物質要求的時候，她所承擔的痛苦要沉重得多。

日常生活當中，女人要比男人付出的多，為家庭，為孩子，為工作，再加上精神上有終極關懷，人生意義等方面的思考，她的負擔將會格外的沉重。

上帝製造了一批這樣的女人，使得她們的人生之路格外的崎嶇，這樣的女人意識到了這一點，仍然義無反顧的走下去，為了自己永遠也不會有答案的思考，因為只有思考才能帶來她們生命中最大的快樂。這種快樂的享受只有她們自己知道。

 ## 三十四

有人說過這樣的話：只有笨人才會覺得生活沒意思，因為他不會找樂。這話接近了真理。

找樂是讓自己快樂起來的最佳途徑。孩子特別會找樂，他們在各種各樣的遊戲中找到了屬於自己的快樂。尤

其是各類益智遊戲，更是給了孩子創造的快樂。成人找樂不是那麼容易，大多數成年人因為年深日久的生活的磨礪，已經變得麻木起來，對生活沒有了驚奇和好奇，在這種狀況下，極少數的仍能為自己的生命找到快樂的人，一定是一個有智慧的人。

找樂是一種智慧的人生態度，想盡一切辦法驅趕「生活沒有意思」的陰霾，讓自己的生命充滿快樂的人，是最有智慧的人。

生活中所有的快樂都是自己找來的。

 ## 三十五

任何一個女人都不願意變老，但變老卻是永遠不會改變的法則。如何愉快地度過這樣一個過程呢？

一個女人要學著不會因為變老而停止歡笑，一定要明白這樣一個道理，女人會因為停止歡笑而變得蒼老。

在人生這樣一個永遠都不可改變的過程中，女人一定要想盡辦法讓自己快樂起來，只有快樂才是自己存在的最好方式。

三十六

　　人世間，完美的婚姻是沒有的，有的只是合適的婚姻。在合適的婚姻裏，個人所有的弱點、缺陷都暴露無遺，對方卻能夠坦然的面對並接受了它，這樣的婚姻就叫做合適。有了對缺陷的容忍，也就有了對優勢的倍加愛護，婚姻就容易變得和美。

　　凡是不成功的婚姻，大都敗在不能忍受對方的缺陷上，可人世間哪有一個沒有缺陷的人呢！

 ## 三十七

　　江上之清風，山間之明月，耳得之為聲，目遇之為色，取之不盡，用之不竭，是造物之無盡藏也。大自然給了人類許多感官的美的享受，這種享受是取不盡、用不完的。

　　女人無論再忙，也要抽出空來和山川握手，和溪流對話，和明月約會。這樣的交流，會使人淤堵的心靈獲得解放，渾身也會變得輕鬆起來，這也是找樂的一種方式。

 ## 三十八

　　我們每個人都無法左右我們生存的環境，我們唯一可

以左右的是我們內在的世界。在外在世界愈來愈嘈雜的時候，我們可以通過修煉我們的內心，達到從容、淡定，按自己內在世界的指引，去做我們應該做的事情。

一個人只有通過內在的修煉，才能達到包容和悲憫別人的過錯，設身處地的站在他人的立場上去思考問題，也就有了自己的更加完善。

 ## 三十九

我們為什麼要生而不斷的學習，就是我們要學會把握幸福的能力。幸福不是由財富的多少決定的，而是由內在能夠感受到的幸福程度來決定的。

要具有內在的感受幸福的能力，就需要不斷的學習。

 ## 四十

時間晝夜不停地流動著，每一個人都只是它一小段時間鏈上的過客。在時間流上，人只能是一個暫時的存在。只有意識到這些的人才會起而和時間賽跑，高舉自己理想的火把，把短暫的人生拉得很長、很長。

四十一

一個不懂憂傷的女人是粗糙的，一個沒有孤獨寂寞打扮的心靈是單調的，所有有內涵的女人，心靈都是豐富多彩的，僅有一種色彩決不叫豐富。詩意地活著是生命包含了多種多樣的東西，才能夠詩意起來。

四十二

在年歲的增長中，女人最怕的是心靈的乾枯，沒有心靈的活泛，反映在臉上也是死寂一片。

女人一定要讓自己的心靈活起來，要有意的引進活水來，活起來的心靈才能帶來臉上的生動。

四十三

婚姻是多味的，也是繁雜的，沒有這些熱熱鬧鬧的內容參與在人生的過程當中，人生也就顯得太冷寂了。

就是為了感受婚姻中的這多種滋味，那些在婚姻之外徘徊的，對愛情抱有太多的幻想的熟齡女人，應該放下幻想，勇敢地走進婚姻，去尋找屬於自己獨有的那份感受！

四十四

一個人的天堂和地獄都背在自己身上。

自己讓自己入天堂，就能入得天堂；

自己讓自己入地獄，就能下得地獄。

 ## 四十五

陸遊說：「人生唯有情難死。」情是一種心甘情願的付出，是把付出當成了一種快樂，情才不會死的。在一個充滿了慾望的社會裏，一切都以利益的大小來計算，情是會死的。當付出都是以回報來計量的時候，情就失去了它成長的土壤。

 ## 四十六

明知生命最終也是化為一縷煙塵，在活著的日子裏仍願意不懈地努力，只有努力才能抵禦無聊的侵襲。無聊對健康身體的毒害比病菌還要厲害無數倍。

明知再努力，拼盡畢生的心血，也不過是做成某一件小事，但這件事情能夠做成，就留下了你生命存在過的痕跡。

給生命留痕是無數個拼命做事的人心中的夢想，也是

抵禦生活無聊的妙策。

四十七

只有作家的眼睛才能進入人類心靈中的那些彎彎曲曲的幽暗小徑，去探索人類心靈中的那些喜、怒、哀、樂的藏身之處。

照相器材無論怎樣先進，也達不到進入人類心靈的深度。

四十八

同樣是讀書，有的女人從書中讀到的是風花雪月，讀到的是情感的纏綿悱惻；有的女人讀到的是理性之光，洞照了靈魂的幽暗；有的女人讀到的是趣聞逸事；有的女人讀到的是驚悚恐懼；有的女人讀到的是一個人成長的故事——

一百個女人，就有一百種想從書中得到自己想要的東西的讀書取向。個性和氣質、學識和教養，決定了一個女人對讀書內容的選擇。

四十九

是人都渴望來自外人的表揚和讚美，女人尤甚，有時對別人讚美的渴望達到了瘋狂的地步。殊不知別人有時候的讚美只是出於一種禮貌，有時候的讚美是懷有某一種目的。

其實，女人對自己最大的褒獎應該在自己心裏，自己覺得自己什麼時候是最棒的，才是最重要的。

當一個女人學會自我讚美，並把這種讚美看得很重很重的時候，這個女人才是真正的成熟了。

 五十

詩歌是什麼？是人類藝術的花朵，是人類靈魂的花朵。一個愛讀詩的女人就是和美麗簽下了盟約，就是和豐富訂下了合同。美麗和豐富將伴隨著這個女人的一生。

女人，愛詩吧，詩能讓人感受到活著的滋味，詩能讓人品嚐到生命的香繆，詩能讓人的品格得到昇華，詩能讓人平淡的生活升起七色的彩虹。

一個愛讀詩的女人從此不再平庸！

五十一

每個人的人生都處在時間和空間的交叉點上，人作為瞬間和有限的存在物，儘管只擁有短暫，卻從心裏嚮往永恆和無限。這是人類的悲劇，也是人類偉大的地方。

 五十二

作為女人，妳必須找到除了愛情之外，能使妳的雙腳堅強地站在大地上的東西。妳要有自己的謀生方式；要喜歡閱讀，但不是總讀那些風花雪月的文章，要學會讀那些增加自己人生內容的、有思想品質的，能夠提升自己心靈的充滿智慧的圖書；要相信理想、溫暖、美好、尊嚴、堅強這些能終生伴隨的字眼；要節制自己的感情，感情不是任何人都能給的；不要以為外表的華麗就能代表一切，一個女人的重量還在於她的內心，內心的強大足以戰勝任何外來的干擾；不要放棄自己追求的美好的信念，對信念的執著是在明白外面世界假、惡、醜之後還能堅守，這才叫真正的信念；給自己設定一個個生活目標，一個個去實現，在實踐的過程之中發現自己的價值。

看重愛情，但不是為愛情而活，當不愛的時候，決然

離開。相信愛情一定存在，只是自己還沒有找到。

在節制自己感情的同時節制自己的物慾。要知道，一個人靈魂的品質比任何物質都高貴。

讓友情來溫暖自己，對朋友要有一些俠義之情，方能有長久的友誼，小計謀、小心眼都交不來好朋友。

也許妳的性格外向，也許妳的性格內向，這都不重要，重要的是妳一定要快樂，要開朗，要堅忍，要溫暖，要善良，要學會擁有生活中的每一寸陽光。

 ## 五十三

一個人內心的成長是一輩子的事情，什麼時候一個人的內心在生活的歷練中逐漸強大起來，並能把外在的東西變成自己內心的能量，這個人就能在一定程度上駕馭自己了。

 ## 五十四

婚姻中的女人要自信，也要信任男人。不信任男人，今天查他的這個，明天查他的那個，他的一舉一動都恨不能在自己的視線裏，這是女人不自信的表現。

婚姻中的女人也要有自己正常的交往，交往的範圍大

了，心胸也會變得開闊起來，不至於時時刻刻都盯著自己的男人不放。事實上，男人靠盯能盯得住嗎？主要是靠男人自己的理智和責任心，才能真正的管住男人。

女人的自信和男人的責任心，是保證婚姻能夠良性運轉的兩個主要因素。

 ## 五十五

思念是一種享受，是人類精神世界的彩虹，有思念的人生才是充盈豐滿的人生。

思念多是由空間和時間的阻隔而帶來的，有了「久別離」才生「長相思」。人類是最複雜的靈長動物，主要表現在精神世界上。

思念是人類精神世界裏最美麗的一道風景。

 ## 五十六

女人活到了六、七十歲還不知道自己適合什麼樣的髮型，適合穿什麼樣的衣服，真是一種自我形象的貧困。不知道自己怎樣才是最美的女人，真是枉活了一生。

女人要從年輕的時候，就開始學習美麗，外在的美麗和內在的美麗一樣重要。一個女人連外在的美麗都學習不

好，何談能夠學好內在的美麗呢？

 ## 五十七

只有對詩歌的閱讀，才是女人柔軟心靈的最好的方式，它讓妳枯燥乾涸的心靈溫軟，讓妳飛升不動的想像力扇起翅膀，讓妳聞到青草的氣息，花兒的芬芳，鳥鳴的清幽，聽到小河潺潺而行的歌唱。

在詩歌閱讀中，我們卸掉了鎖住我們心靈的枷鎖，變得無比的輕鬆、歡暢。過上一段時間，讓詩歌陪伴陪伴自己，會讓自己的生命變得更加年輕。

 ## 五十八

高品質的人生是體力、智力、形象力之和，一個人的形象是一生的戰略問題，相貌是天生的，美的觀點是通過學習得來的。世上的美人並不多，但是，美的觀點卻能夠幫助不美麗的人美麗起來。

 ## 五十九

女人活到一定的年齡，要盡量地簡化自己的生活，這才是一種智慧的生活態度。

　　妳可以把房子選得小一點，沒必要整天為打掃房屋耗費精力；妳可以減少買衣服，讓自己的衣櫃更簡潔；妳要減少對電視的依賴，多到戶外去活動；妳要學會對自己不欣賞的東西說不；最為看重的是自己對自己的評價──簡化自己的生活方式有許多種，就看一個人怎樣去選擇。

 六十

　　漢字裏有一個字，叫「忙」，是非常值得人們去反省的。這個字的組成是「心」加上死亡的「亡」，如果人在生活中太忙了，心靈一定會死亡的。

　　為了讓自己的心靈透透氣，就要學會在繁忙的工作中停下來，觀一觀風景，看一看月亮，想一想自己的生命，這些都會讓自己的心安靜下來。

　　安靜的內心能給女人的生命極大的撫慰。

 六十一

　　任何一個人都不知道自己將以什麼樣的方式死去，這是不可預知的，可是每一個人卻可以掌握自己活著的方式。

　　只要能夠活出色彩來，活出意義來，至於將會以什麼

樣的方式去結束生命，就顯得不是那麼重要了。

 ### 六十二

做自己喜歡做的工作，就等於一直有工作的激情在陪伴左右，這樣做工作就等於是一種享受。

享受工作給人帶來的健康元素，比任何保養藥都有效。

 ### 六十三

女人從心裏再喜歡一個男人，也不要輕易地把自己送上床，一定要確認了有相同的人生觀、價值觀，有很多互相吸引的地方，也就是精神的契合達到一個高度的時候，性才是水到渠成的東西。

在男女的關係中，愛決定了性，而決不是性決定了愛。

 ### 六十四

一個精神健康的人，活到一定的階段，他肯定要去探求人生的意義。這種探求會打破他原本平靜的生活，會引起他的精神緊張，這種緊張對健康的精神來說是不可或缺

的。

在這個世界上，能有效地幫助人們在最惡劣的逆境中堅持下來的，莫過於對生命意義的認識。尼采說過：「知道為何活著的人，幾乎能夠忍受任何如何。」

六十五

女人一生的難，不僅是要經受作為一個生命個體所要承受的痛苦，還要承受作為這個性別的特點所決定的痛苦。這雙重的痛苦給了女人更多的壓力和艱難，女人必須更堅強，才能承受這雙重的壓力。

當一個女人的生存價值得到整個社會承認的時候，她默默付出的肯定是更多才能得到這份榮耀。

女人在保持自己性別特色是溫柔的同時，必須更加堅強，才能取得成就，這是社會和家庭給女人提出的要求。

溫柔加堅強加柔韌，是女人很好的在這個社會上生存的法寶。

六十六

美麗和富有並不能讓一個女人的生命放出光彩，能讓女人放出光彩的只能是她那豐富的靈魂生活，以及她對生

活的不滿足，和一次又一次對自己生命的挑戰。

女人只有用自己創造的成果裝點的生命才是最美麗的。

 ## 六十七

婚姻不同於戀愛，戀愛是理想主義，婚姻是現實主義。戀愛是有距離的，可以欣賞對方所有的美，婚姻是無距離的看透了一個人的全部。

婚姻中的戰爭大都是由對方的缺陷而引起的。進入婚姻的每一個人，最先做好的準備是一定要能夠忍受對方的缺陷，這是一個充分必要的條件。

 ## 六十八

女性美容為了誰？一直被很多人爭論，從古代的「女為悅己者容」到今天的女人美容首先是為了取悅自己，情況已發生了質的變化，女性從客體變成了主體。女性美容首先是為了取悅自己，只有先取悅自己，使自己有了好心情，好心情再配上美容後的臉龐，就容易變得漂亮。

女人只有內在的充實和快樂加上外在的美麗，才是一個真正懂得生活的美麗女人。

六十九

對於愛好寫作的女性來說，有一張平靜的書桌和自由表達的權利就足夠了，當妳能從自身的反思中，獲得一種訴說激情的時候，妳就把自己的人生做到了極致。

因為寫作，妳選擇了獨處，選擇了過恬淡的生活；因為需要訴說，妳把和人類心曲說話當成了頭等重要的大事。對生活的關注，對生命的思考，對人性的考察，將會使妳擁有無數個時代的知音。

妳在自己的作品中優雅地老去，妳是一個真正精神產品的創造者，妳會因為創造而感受到生命的美麗。

 ## 七十

在這個浮躁的時代裏，很多女人把自己外在的裝束，身材的優劣，相貌的美醜，髮型的時尚，金錢的多少等外在的東西看得很重要，以為這樣就能擁有自己獨特的魅力。其實一個女人震撼人心的魅力在於她的精神。這種精神是由修養、學識、智慧、胸襟、品格等諸種因素合成的，表現在一個女人身上就是她的氣質風韻，這才是女人一生最最貴重的，多少錢財都買不來的珍寶。

七十一

女人到了一定的年齡，花容凋零了，而丈夫的事業非常成功，就很容易懷疑丈夫在外面有沒有外遇等方面的問題，尤其是內在比較貧乏、自信心不強的女人。這種懷疑把女人折磨得死去活來。其實作為丈夫，妻子是無法把他這個人看住的，無論妳採取什麼辦法，他在外面做什麼，妻子很難知道。與其胡思亂想的折磨自己，不如花時間來提升自己的內在素質，這才是最重要的。

 七十二

人的一生，從生到死，可以走得很快，也可以走得很慢，如果總是匆匆忙忙的活著，從來沒有注意過自己身邊美麗的風景，從來未被美好的事物打動過，這樣的人生也就太單調無味了。

如果能夠在生活中不時地停下來，用心去感受生命中美好的東西，親手去做讓人生美麗的事情，人生的路就豐富和有趣了許多。慢下來是為了讓自己的心更好的感受，生命也就有了美的附麗。

七十三

什麼叫最實實在在的幸福？就是晚上能夠按時睡覺，早晨能夠按時醒來，能夠有好的胃口，在從早到晚的時間中，能做自己最喜歡做的事情，能享有自己的精神生活，這就是最實在的幸福。

 七十四

藏在女人外表背後的，是女人的理想、信念、修養、知識、智慧等註定一個女人一生是否幸福的重要元素。

一個男人若只被女人漂亮的外表所迷惑，婚後的生活註定會是痛苦的。

一個女人若是只注重自己的外表，從不在自己最關鍵的部分——內在上下工夫，註定會痛苦地度過一生。

 七十五

對優秀而又多金的丈夫，很多女人都是採取了嚴密的防護措施，以防丈夫被其他女人插足。事實上，女人再嚴密的措施也沒有什麼用，最有用的方法，是把自己打造成一個在各方面都優秀的女人，讓丈夫也擔心妳有風險，這才是最好的措施。

求人不如求己，這個道理在婚姻上也特別實用。

 七十六

妳有多久沒有寫信了，拿起筆，鋪開紙，靜靜地在一束陽光下，或是在一簇燈光下，寫下對親人或是對朋友的思念。這樣的傾訴在電子時代裏是一種個性的張揚，是珍惜自己情感的一種表現方法。

靜下來，坐下來，排開一切因素，梳理好自己的思緒，只打開自己心靈的大門，讓那些想說的話變成一個個香噴噴的文字，留在紙上，為自己的生命留下些痕跡。

 七十七

生活中的每一個成年人，和在沙灘上用沙子建造自己城堡的孩子一樣，都在建築自己的城堡。不同的是孩子在用沙子建築，而成年人則是用自己工作的成就去建築，儘管他們所採用的材料不同，他們所面臨的命運卻是一樣的，無論把城堡建造得如何的金碧輝煌，都會被大海無情地收走，並不留一點痕跡。

這是所有的人的命運，誰都不能避免。人類所有的快樂都存在於建築的過程之中，這就是人生的全部真相。

七十八

女人不能沒有夢想，沒有夢想的女人就像向日葵見不到太陽，就像是黑暗中的鑽石失去了光芒；

女人不能沒有溫暖，不能給人溫暖感覺的女人最蒼白，沒有暖意的女人最失敗。

 七十九

女人有責任把家庭變成孩子的樂園，變成愛、歡樂和幸福的殿堂。福祿貝爾說過：「國民的命運，與其說是掌握在掌權者的手中，倒不如說是掌握在母親手中。因此，我們必須努力啟發母親——人類的教育者。」

女人一旦生養了孩子，就變成了孩子的第一個老師。母親的高素質是當好教育者的必備條件。

 八十

對一個男人來說，選擇什麼樣的妻子就等於是選擇了什麼樣的人生。一個智慧的、充滿生活情趣的妻子，能把枯燥無味的婚姻生活打扮得五彩繽紛，能為婚姻空間輸入更多的氧氣。在這樣的氣氛裏，男人一天天的成長，最終成為妻子所希望的那樣的丈夫。

每一個丈夫在某種程度上都是妻子的作品。

對一個女人來說，也是同樣。

 ## 八十一

女人的聰明才智要多用在對事業的打拼上，有了一份事業才有安身立命的保證。婚後的女人不要把自己的聰明才智用在對丈夫的管理上，算計、盯梢、拷問、檢查等手段用多了，反而不利於婚姻的成長。給婚姻留出空間，就是要有包容的存在。

在婚姻的有些問題上，太認真是容易出亂子的，糊塗比清楚更利於婚姻的成長。

 ## 八十二

人生的旅途就像是深海中的魚，自己不發光，周圍將是一片黑暗。只要能發光就會照亮一片，發出的光有大有小，但只要有光芒，就有了自己的價值，人生的價值就在其中。每個人的人生都是如此。

 ## 八十三

一個人的生命是否精彩，就在於他創造過多少次美麗

的瞬間，儘管都是一瞬間，那卻是人的生命中最為美麗的時刻，很多個這樣的時刻連接起來，就構成了一個人生命的精彩。

 ## 八十四

人到老年最容易喪失的就是激情。當一個人面對多種選擇的時候，是最容易產生激情的時刻，因為多種多樣的選擇正應對著年輕的生命。

當老年到來的時候，多種選擇的可能性已經不存在了，他們擁有的只是早已選擇過的結果，長久的守著已成定論的結果，最容易使人麻木起來，激情也隨之喪失。

年輕人有激情是自然的，而老年人有激情則是讓人敬佩的，因為他已經戰勝了那個麻木的自己，讓自己為自己產生了新的激情——這是一種世界上最美麗的、屬於人的神奇。

 ## 八十五

一個人活在這個世界上，真正需要的物質性東西是非常有限的，人最難滿足的是自己的精神。那些在精神上有追求的人，在物質生活上是那樣的簡樸，那樣的容易滿

足。

在物慾橫流的世界裏，有精神上的追求，就等於自己為自己創造了一份不為物役的自由。

 ## 八十六

優秀女人最痛苦的事情，是沒有同樣心靈高度的男人來欣賞自己，這種孤獨和寂寞，是任何物質上的豐盈都不能讓她們解脫的。

世上最美麗動人的愛情，一定是來自同樣的心靈需求，然後才是其他。

 ## 八十七

當年，詩人舒婷的《致橡樹》給了多少有自己精神追求的女人一種路遇知音的感覺。當女人要求所愛的人，必須把自己當做一棵並排而立的樹的時候，女人的愛裏就多了精神上的要求。在兩性關係中，女人一定是首先受到尊重，才能得到真正的愛情。

 ## 八十八

有知識不等於有文化，一個恪守底線，有所為有所不

為、有文化意義上的教養與學養兼備的人，一般都會比較低調，追求淡泊明志，寧靜致遠的境界，他們酷愛閒適，並在閒適中感受人生。他們不尚奢華，在體面中淡出品味。在社會生活中，他們按遊戲規則進行競爭，遵循君子愛財，取之有道。他們富有愛心和同情心，患難中濟困扶危；時窮節現，隱微之處無愧青天──這樣的人愈多，這個社會就會愈加和諧。但是，這種人絕非技術思維所能造就的，它靠的是人文精神的滋養。

人的精神被滋養是一個浸潤的過程，不是一天兩天就能造就出來的。

 ## 八十九

一個女人，無論妳是什麼樣的長相和身材，一定要相信世界上有專門適合妳那種長相的打扮方式，有專門適合妳那種身材的服裝，只是妳還沒有找到，一定要耐心的去找，認真的去學習，屬於妳的那份獨特的美麗一定會被妳尋找回來。

 ## 九十

美國著名的教育家斯特娜夫人有段名言：「孩子的心

是一塊奇怪的土地，播上思想的種子，就會獲得行為的收穫；播上行為的種子，就能獲得習慣的收穫；播上習慣的種子，就會獲得品德的收穫；播上品德的種子，就能得到命運的收穫。」

一個孩子的命運就掌握在母親的手中，在孩子的心中播下優良的種子，是母親最神聖的責任。

 九十一

一個優秀的女人應同時具有高智商、高情商、高健商，才能有相對完美的人生。

在實際生活當中，女人對智商和情商關注得較多，對健商關注得較少，這樣的人生是不平衡的。因為只有好的身體，才可能有智商和情商，而好的身體來源於一個人的健商要高，要懂得健康對於生命的重要性。

對於低健商的人來說，不是死於疾病，而是死於對健康的無知。

 九十二

中國古代男人奉行「娶妻娶德，納妾納色」的原則，在妻妾身上可以滿足自己的多種慾望。時代發展到今天，

男人既娶妻又納妾的情況不復存在了，男人在只能選擇一人的條件下，就要求必須女人德、色、才俱備，才是他們最好的選擇。而在現實生活當中，能達到這種標準的女人是不易尋找的，於是，就有了男人的遺憾和女人的不易做的現象同時出現。

 ## 九十三

人生的困境是常態的，成功只是中間的一小段非常態，正是這種常態和非常態的存在，才構成了一個人完整的一生。

或許有人一生也沒有明顯的非常態，估計這種人佔大多數，但他們在自己的人生過程中，能夠感受到屬於自己的那份快樂就足夠了。

 ## 九十四

每一個女人都有自己身上的味道，妳或許是事業味，鑽在高深的學問裏，樂此不疲；妳或許是家庭味，沉湎於家務裏不可自拔。女人身上最好的味道，應該是多種味道綜合形成的獨特味道，才能把女人做到極致。

九十五

母親在對孩子進行教育的時候，有了好的辦法就能少走許多彎路。例如在做某一件事情的時候，對孩子的教育不妨採取這樣的方式：

告訴他怎麼做，他會忘記；引導他，他可能還是記不住，那麼，就讓他參與這件事情，他能理解了，就一定能夠做好那件事情。

 ## 九十六

幸福婚姻的秘訣有很多種，對於女人來說，總結出來也無非是以下幾個方面：

一、要有自己的生活，給自己也給丈夫留出空間。在女人的生活中，丈夫決不是自己生活的全部。

二、要自食其力，經濟獨立是自己人格獨立的保證。

三、在保持溝通的同時，留有自己的隱私空間，不可一切都坦露給丈夫。

四、保持自己女性的魅力，有自己的興趣愛好，有較強的自信心。

五、營造溫馨舒適的家庭氛圍，會做幾樣拿手菜。

六、懂得教育孩子的方法，有能力培養出一個身心都健康的孩子。

七、對丈夫家的所有親屬像對自己家的一樣。

八、保持對婚姻的警惕性，要有憂患意識。憂患意識的產生來自於對人性的深刻理解。

 ## 九十七

人不是因為年齡的增大而變老，而是因為失去了奮鬥的激情和勇氣而變老。

一個人是否變老的分界線就在於此。

 ## 九十八

一個法國人說過：「夫妻兩人總是按照他們中比較平庸的一人的水準生活的。」此言極是。婚姻對一個人的影響是巨大的，改變也是巨大的。在許許多多的改變中，最重要的改變是讓人變得怎麼舒服、怎麼生活，久而久之的舒服生活，人的生活就會滿足於平庸。

 ## 九十九

能把愛情煙塵當做心靈美好禮物珍藏的女人，一定是

一個很智慧的女人。

　　過去的愛情是無數個日子疊加的平淡婚姻裏的調味劑，是自我獨處時的一種安慰，女人的一生曾經有過一次痛徹心扉的愛情就足夠了，足夠女人一生慢慢的享用。

　　一個曾經投入愛過的女人，一個被許多男人暗戀過的女人是幸福的。

 一百

　　婚姻能夠給予一個女人的是愛情、親情、麻煩、痛苦、快樂、爭吵、付出、享受──百味雜陳，總之，是什麼滋味都有。儘管它們都被命名為「痛苦」、「快樂」等一樣的名字，但感受起來，卻是每個人有每個人的滋味。

月有圓缺

人生很寂寞，成功者和失敗者的
差別在於寂寞時的所作所為。

一

智慧的女人是不會做第三者的，因為這樣的女人明白，再深情厚意的男人找你也只是為了感受婚外的新鮮。表演愛情是很多容易出軌男人的拿手好戲。

有一個安穩的家，有可愛的子女，有一個保留自己生活習慣的地方，是每個男人骨子裏所想依賴的東西，一旦有什麼要打破這些的時候，他是不會馬虎的。

為什麼表白如何愛你的男人就是離不了婚呢？不是離不了，而是他壓根兒就不想離。

做第三者的女人，除了丟了自己的身，也丟了自己的心，更重要的是摧毀了自己關於愛情的夢想。

在這個世界上，只要是一個女人都會有愛情夢想破滅的那一天，但做第三者帶來的毀滅是慘烈的。

二

富裕者和富足者是截然不同的人生，富裕者只是金錢的擁有者，其他方面沒有追求。富足者不僅有物質的滿足，更重要的是他有精神的滿足。富足的人過起日子來才真正是優哉遊哉，才能擁有高品質的人生。

三

在這個技術控制的時代裏，男人不再熱愛讀書，寫作，他們更願意將自己的情感與肉體扭曲到一個極限來獲取暫時的快樂。男人的快樂深深地刻入了技術的痕跡。和男人不同的是，這個時代的女人更願意從閱讀中得到快樂，從追求內心寧靜的過程中得到快樂。女人的快樂是建立在精神上的，也最容易持久。在這樣一個時代裏，最容易找到幸福感的大多是女人。遺憾的是，這樣的女人還只是一部分。

 四

婚後的男女都會有精神上的外遇，這是不可避免的，因為雙方都渴望有更加完美的愛情出現，能夠坦誠地給對方講出自己的精神歷程，說明了對自己婚姻的自信。這樣的婚姻也會有良好的發展前景。

 五

一個人最終只能是他思想的產品，思想有多遠，人生的舞臺就有多大，思想是決定一個人最終能夠成為什麼的最關鍵的因素。

擁有思想比擁有世上的一切都更有價值。

 ## 六

生活中沒有一個男人值得女人為他付出自己的全部，愛情是要有的，但為了愛情把自己的一切都搭進去，就是缺乏了智慧。

女人最愛的首先應該是自己，把自己從裏到外都打造好了，就有了動人的魅力。魅力是女人的資本，也是女人得以活命的保證。

 ## 七

為什麼人們渴望成功，因為成功可以讓人忘掉生活中的煩惱和無聊，能夠遮蔽掉折磨自己的細小的痛苦，從而將自己的生命引向高潮。名聲還是次要的，最關鍵的是成功能讓自己徹底的沉浸在享受快樂的過程當中。

生命中有什麼比快樂更重要的事情呢！

 ## 八

把生活中的每一件事情都當成第一次那樣的新鮮，生命中就充滿了甜美的芬芳。

　　隨著年齡的增加，大多數人都變得麻木了，從而失去了生命中快樂的力量。

　　尋找失去的快樂的一個最好的辦法，就是讓自己的心年輕起來，讓所有的事情在自己的眼睛裏新鮮起來。

九

　　情感的到來，對青春期的女孩子是自然而然的事情，但要「發乎於情，止乎於禮」，因為漂亮的女孩子是未婚和已婚男人關注的對象，被未婚的男人看上，戀愛之後終成眷屬是生命中自然而然的事情，但要被已婚的男人看上並窮追不捨，最終成為他的獵物，這個女孩子就要經受比其他人更多的磨難。因為在經過所謂的愛情之後，女孩子的感情不會再有自己的歸宿，將會永遠的漂泊。

　　這是女孩子踏入社會後就應該明白的事情。

十

　　女人迅速的走向物化的道路，是一種極大的悲哀，因為女人得到的寵愛僅僅是物質的，不是精神的。

　　當男人對女人的愛只是一種物質化的東西，而不是把她當人來尊重、來關愛的時候，所帶來的後果便是女人更

快的失去了自己。

 十一

女人想要爭取的真正的平等是什麼？是責任，是義務，是和男人在同等條件下的自由競爭。假如女人對平等的理解只是看自己得到了多少好處的話，女人所得到的平等將是對自己極大的諷刺，因為這樣的女人根本不明白什麼才叫做平等。

 十二

在今天，很多女人可以在經濟上和男人平起平坐了，但她們的精神並沒有真正的自立起來。沒有精神自立的女人擁有再多的財富也不叫富足，也最容易被生活的挫折所打敗。

 十三

生活中的每一個人，都是走在前面有一個甜美誘惑的路上。一個女人長大了希望戀愛，戀愛了希望結婚，婚後希望生子，生子後盼望孩子長大──一代代的人都是走在前方有甜美誘惑的路上，怎樣保持快樂的心情去做完人生

旅途中的一件又一件的事情，是走完這條路的根本保證。

 十四

　　懂得分享才有真快樂，分享可以是對物質的分享，也可以是對精神的分享。當你享受到朋友饋贈的禮物時，你感到了一種快樂，當你看到朋友寫的文章、寫的字、畫的畫的時候，你感受到了和朋友一樣的快樂。

　　快樂一旦用來分享，一個就變成了許多個。

 十五

　　相愛但會寂寞，這是存在於相愛的男女關係中的一種現象，因為人和人之間內在的差異是巨大的，是婚姻不能完全涵蓋的。有的人把奮鬥當成了生命中的一種享受，有的人卻把生活的閒適當成了一種享受。這樣不同的人相愛了之後，各自都會有自己的寂寞存在，但寂寞不等於不相愛，也許正是對方相異於自己的那些東西成了最大吸引自己的地方。

　　世上有多少男女，就有多少屬於他們自己的相愛方式，但各自的寂寞卻是永恆的。

十六

總有一種愁濃濃的包圍著自己，或許是在春雨淅瀝的深夜，或許是在暮色彌漫的黃昏，或許是在秋雨敲窗的中午，或許是在瑞雪飄飛的清晨──莫名的愁總是泛上心來，將拷問人生的靈魂重重包圍。在這種愁裏，一個人文的、有著靈魂生活的自我，在物質化的生活中凸顯出來，溢出淡淡的芳香。

十七

學習的能力是一個人最大的能力。有了這種能力，在生命的不同階段，都能學到讓生命豐富而發光的本領來。

一個人年輕的時候愛學習並不難，難的是一輩子都熱愛學習，一輩子都把學習當做自己生命中最重要的事情來看待。

十八

只有愛的征服，才是一輩子的征服，暴力或其他形式的征服都只能是暫時的。

十九

一個人內心的改變，會讓生活中的一切都變得有聲有色起來，單調刻板的日常生活當中，人們最需要的就是用內心的變化來調節生活，讓生活變得豐富多彩起來。

 ## 二十

假如說一個女人的美貌是推薦信，她的善良，她的智慧，她的品格便是沒有限額的信用卡。

 ## 二十一

每一個女人都要把成為一個最有趣的人作為人生的最高目標來要求自己，要有趣，首先要做一個快樂的人，快樂的人是不需要懷千歲憂的。古人用來形容人生的話，「人生不滿百，常懷千歲憂。」盡可能少地在自己身上出現，不然的話，快樂何來？趣味何來？「人生不滿百，趣味過人生。」才是和平年代裏女人正確的人生態度。

 ## 二十二

每一個人都是帶著自己的一份特殊任務來到世間的，所以每一個人都很重要，都很特殊，要珍惜自己的這種身

分,將自己身上的光和熱發揮到極致。

　　儘管每一個人所創造的價值在整個社會中只是一個小小的點,但這個點足以證明了你曾經存在過。這比什麼都重要。

二十三

　　人生的春天是無法守候的,而且只有這樣一個春天,過了這個春天,人生就不再會有生理上的春天。「更能消幾番風雨,匆匆春又歸去。」是古人對春天流逝的感歎,人生的春天何嘗不是如此呢!大自然的春天是歸去又來,而人類生理上的春天卻是一去不會複返。

　　能夠在人身上常駐的春天,只能是人精神的力量,人為地將精神的春天留在自己的身上,以供生命的各個階段使用。

　　能在精神上為自己製造春天的人,才是人生真正的強者。

二十四

　　世上的任何事情都是一分為二的,都有其兩面性,單單地看到一面,就少了許多客觀和公正。

　　陽光使我們看到了很多東西，也使我們看不到很多東西。如果沒有黑夜，我們怎麼能夠看到皎潔的月光，滿天如寶石一樣的星辰；如果沒有陰天，我們怎麼能夠看到電閃雷鳴，暴雨如注──

　　生活中，當我們學會一分為二地看待問題的時候，就說明了我們的思想臻於成熟。

 ## 二十五

　　人生中只有一次的成功是容易的，要想一生都有不斷的成功，就必須不斷的挑戰自我。

　　每個人在生活的大戲中，只是一個小角色，即使成功也是小成功，但不斷的挑戰自我，不斷的有成功出現，個人就擁有了一個絢麗多彩的人生。

　　有什麼能比這樣的人生更有意義呢！

 ## 二十六

　　一個女人沒有愛是寂寞了一些。

　　一個女人沒有事業，她的生命便是一片空白。

二十七

當一個女人把找一個愛人的標準定為是，要找一個心靈的歸宿和庇護而不是生活的幫手和管家的時候，這個女人註定要在情感的路途中艱難的跋涉。

 二十八

女人外表的美麗只是讓人的眼睛舒服，女人的氣韻豐美、舉止優雅卻讓人的靈魂著迷。

 二十九

人生最大的失敗就是對做一切事情都失去了熱情和激情。

財富給人帶來的愉悅感遠遠不如熱情的擁抱生活，激情洋溢的創造一樣從來沒有過的東西的過程更讓人愉快。

 三十

困難和挫折都是為了讓人生有更多的色彩而存在的，倘若人生總是順途，總是成功，人們怎麼能夠享受到戰勝困難和挫折後的那種愉悅的心情呢！這是金錢買不來的。

感謝人生多種多樣的饋贈，正是這種饋贈使人生變得豐富和厚重。

 三十一

一個人一旦養成了過自己內心生活的習慣，很多身邊的瑣事和利益的糾紛就會看得很淡很淡。悠然自在，從從容容，最容易接近人類所追求的生活的最高境界。

 三十二

優於別人並不能顯得自己高貴，優於過去的自己才是真正的高貴，因為你的每一天都在成長。

在人生的各個階段都能很好成長的人，才是最高貴的人。

 三十三

女人擁有智慧，婚姻才能得到幸福，在婚姻中，女人僅有知識是遠遠不夠的，一定要有精神的關懷、呵護、互動、溝通，自己的內在生活，不竭的創造能力，才會有良好的婚姻節奏。

三十四

　　有一則寓言故事，說的是一個人在回家的路上遇見了三位神仙，他們分別是快樂神、健康神和財富神。三位神仙告訴他，因為他是個善良的人，所以可以任選一位神仙帶回家。那個人想了想，說自己家裏什麼都不缺，再多些快樂就更好了，他就選擇了快樂神。不想快樂神剛起身跟他走，旁邊的兩位神仙也都跟著一起來了。這個人很驚訝，不是說只能選擇一位神仙嗎？三位神仙告訴他：快樂到了誰家裏，誰就擁有了財富和健康。

　　一定要做一個快樂的女人，快樂的女人會把財富和健康都帶回家。

　　有了快樂就有了一切。

 ## 三十五

　　當一個人付出了年齡的昂貴代價之後，他才會明白年輕時許下的宏願：改變世界，改變別人是多麼的不容易，一個人的力量是多麼的渺小。

　　一個人的一生中能夠做到的只能是按照客觀的生活規律改變自己罷了。

　　一個人真正的成熟，是在懂得了客觀規律對個人的制約之後，仍保有創造的激情去工作，去超越自己。

 ## 三十六

　　時尚最可怕的力量是綁架了女人的大腦，讓女人失去了自我判斷地行走在時尚的潮流中。

　　沒有頭腦的女人只能是一架機器。

 ## 三十七

　　當智慧告訴你人生很短暫，只是一個有限的過程的時候，你會變得悶悶不樂，生活中容易失去快樂。最佳的人生狀態是智慧加上快樂的能力，二者能夠很好的融合起來，人生就有了快樂生活的品質保證。

 ## 三十八

　　生活中沒有一個人能夠決定所有的事情，但是每一個人可以決定的是自己的心情。

 ## 三十九

　　已婚的女人要明白婚姻是需要經營的，婚姻中一心希

望浪漫，一心想馴服男人的女人是愚蠢的，最終也會把婚姻搞得一塌糊塗。

「世間好物不堅牢，彩雲易散琉璃碎。」婚姻中的愛情如煙花般絢爛，也如流星般轉瞬即逝，平淡如水的婚姻生活中，不要希冀日日都會有讓人熱血沸騰的愛情，實際生活當中，有的只是柴米油鹽的瑣碎，如何在瑣碎平淡的生活中將婚姻維繫住，女人要學會經營婚姻，就是要懂得這樣的道理：在婚姻當中，愛情僅是一個方面，而這個方面會隨著婚齡的增加逐漸削減，逐漸增加的只能是親情；從人性的角度來講，維繫住婚姻的還有另外幾個方面：一是要互利，也就是雙方都能從婚姻中得到所需，並能自由、快樂地實現自我生命的意義，而不是互相削弱或限制對方的追求。二是要分享，分享既包含了互助，也包含了一種歸屬感，永遠把自己好的、快樂的事情奉獻給對方，但從不主動要求對方也給自己；雙方也都會把自己承受不了的壓力向對方傾訴，使分享有了更為廣泛的意義。三是並存，並存是雙方的一種高度尊重，這種尊重裏有欽佩，有欣賞，還有對對方每一次付出後的感動。四是共贏，由以上諸方面的因素所構成的婚姻，一定是一個共贏的、有著好的發展前景的婚姻。

四十

能夠成就偉業做成大事的人，在人類發展的歷史中總是極少數，但偉大的愛卻是每一個人都可以擁有的。用偉大的愛去做生活中平凡的小事，就能使平凡的生命放出光彩；就能用創造的過程為生活增添許多快樂。

四十一

生活彈奏的曲子叫喜怒哀樂，生活中，每個人的生命都是在彈奏這支曲子的過程中過完了自己的生命，只是這支曲子中成分和數量的差異決定了不同的人生。

四十二

人到老年，生命在賜予他無奈的心境之外，還賜予了他火眼金睛，讓他不再為生活中那些繁雜的小事而煩惱，因為他都已經歷過。

生命有失去存在，肯定就有得到存在，二者永不可分，如影相隨。知道這一點很重要，它會讓你永遠都有從容的心態。

四十三

做智慧的女人就是知道自己只是時間長河裏的一個小小的過客，該開花時開花，該結果時結果，不論是開花還是結果的過程都想辦法讓自己快樂。

讓自己快樂就是生活的真諦。

 ## 四十四

假如老闆把每個員工都看成是等待自己點燃的蠟燭，這個企業就有了向前發展的動力。

 ## 四十五

女人五十歲後對待功名的心思要淡之又淡，對待世界的好奇心要大之又大，只有這樣，才能保證自己生命的品質一直在一個高度上。

 ## 四十六

女人的一生最重要的事情就是追逐夢想，這種夢想可以很大也可以很小，只有在這樣的過程中，女人才能感受到最純粹的快樂。

　　要想得到這種純粹的快樂，最重要的是讓生命的每一個階段都不停的有夢想出現，在享受一個夢想實現的幸福當中，下一個夢想已經起程，在完成夢想的過程中盡享著快樂，這樣的人生才是最快樂的人生。

 ## 四十七

　　世上不需要任何努力就能得到的一件事情就是年齡，除此之外，人生活當中的一切事情都必須努力才能夠完成。

 ## 四十八

　　女性利用閒暇的時間背誦背誦古詩詞，是提高自己修養的一種途徑，也是使自己心靈不死的一種極好的方法。在背誦的過程中，你忘掉了當下讓你心煩的日常瑣事，放下了有關名利的渴望和煩惱，古詩詞把你帶進了清明淨遠的境地，溫軟如玉的感覺浸洗著身心，這是讓身心放鬆和提升自己魅力最好的方法。

　　熱愛古詩詞吧！它能讓你感受到人類靈魂的奇美和高遠。

四十九

很多女人認為男人找妻子一般是喜歡溫柔嫻靜的女人，事實上，婚後的女人要想讓男人的愛情保持在一定的溫度上，一定要多有幾副面孔才是上策。溫柔嫻靜，一味順從只是一面，還要有會生氣，會吃醋，會撒嬌，會耍賴，會野蠻，會偶爾的不講道理──你越是難以掌握，男人越想靠近你，征服你，這是男人的本性所決定的。

女人要記住，即使是再愛一個男人，對他的愛也要有張有弛，有親有疏，一味的只是表現一面，到最後失敗的總是女人。

 ## 五十

美貌如花、才華橫溢的女人才是男人的最愛，可世上這樣的女人極少。但沒有貌美如花，只要才華橫溢也比沒有才華只有貌美的女人強上許多倍，因為才華可以彌補相貌不美的缺陷，而貌美卻取代不了沒有才華的悲哀。

 ## 五十一

女人要記住，這個世界上沒有一個人，也沒有一件事值得你氣得吃不下飯，睡不好覺，獨自哭泣。做女人要有

氣度，有胸懷，能容下任何事情、任何人。當女人能夠做到這一點的時候，就徹底解放了自己。「自古多情空餘恨，好夢由來最易醒。」這是女人應該懂得的最起碼的人生常識。

 ## 五十二

有節制的活著才是值得過的一生，任何一種慾望的氾濫：物慾、情慾、利慾、名慾——都會最終走向虛無。

節制，是女人智慧生存的標誌之一。

 ## 五十三

女人的快樂要有自我生長的能力，快樂才能是長久的，而快樂自我生長的能力多是精神方面的，如聽音樂、讀書、寫文字、練書法、學繪畫、背詩詞、學樂器——這些能力的不斷增長，一定能給女人帶來持久的、不間斷的快樂。

 ## 五十四

人的全部尊嚴就在於人有思想。有思想的人才能做出這個世界上從來沒有的事情，幹成驚天地、泣鬼神的大

業。

沒有思想的人和一塊石頭、一株草、一隻動物沒有什麼區別。

 ## 五十五

世界上有兩種花，一種花能結果，一種花不能結果，而不能結果的花卻更加美麗，比如玫瑰、鬱金香等花，但它們不會因為自己不能結果而放棄自身的美麗和快樂，只要季節一到，它們就會盡情的開放自己。其實人也分為兩種，一種人努力奮鬥了，因為機遇好，做成了自己的一番事業；另一種人也努力了，但機遇不好，卻沒做成什麼事業，只是一個普通人。不論是成名成家的人還是普通的人，只要是有能力讓自己的生活中充滿了快樂，這樣的人生就是美麗的。

 ## 五十六

生活在大城市中的女人，整日穿行在水泥森林當中，孤寂感是強烈的，隨時都能夠找到自己可以傾訴的人是不現實的，所以女人一定要有屬於自己的消遣場所，比如固定的咖啡館、書店、百貨商店的某幾個品牌的櫃檯等。讓

這些地方的服務生認識你，每當孤獨感將要把你淹沒你又無計排遣的時候，可以有選擇的到這些地方去。當你得到貼心的服務、溫暖笑容的時候，你會發現自己又恢復到了正常的狀態。

每個女人的生命中都會遇到這樣無奈的時刻。

這些生活中解脫自己的小方法，每個女人都要會一些，才能活得更滋潤，更容易找到小小的快樂。

對於女人來說，快樂不追求大小，只要有就好。

 ## 五十七

年輕的母親要有給孩子記日記的好習慣，從孩子出生的那天就開始記。在一個人成長的過程中，有許許多多可以記下來的事情，如童年的趣事、成長的細節，都會在母親的日記中得到體現，而正在成長中的孩子卻渾然不覺。當母親把一切都記下來的時候，她是在為自己的孩子積攢一筆最大的人生財富。

 ## 五十八

有人說，女性是通過推動男性來推動社會進步的，是通過培養孩子來決定未來的。對於一個高素質的女人來

說，這種說法是成立的。對於一個低素質的、僅僅關注自己外表的美麗、沒有知識、沒有修養、沒有智慧的女人來說，很難達到這樣一個高度。

只有高素質的女性愈來愈多的社會，才會是和諧的社會，因為女人是社會和諧的重要音符。

 ## 五十九

人活一世，首先要學會的是承受痛苦，因為能不能得到幸福每個人都不能具體把握，但承受痛苦是無一例外都要經受的。

痛苦對於人生是一個常數，幸福對於人生是一個變數。

 ## 六十

女性逛街本來是為了放鬆自己，卻穿了一雙細高跟的鞋，又想放鬆又想讓自己顯得更加漂亮，結果是沒有放鬆自己，卻把自己累了個半死。本來是應該享受過程的快樂，卻變成了過程受罪。

每個女人生活中的智慧都是通過細節來體現的。

六十一

一個有經濟實力的女人，才可能為「愛」去愛，才能去掉愛情的許多附加值。自己沒有什麼經濟實力，也沒有創造價值能力的女人，卻希望從婚姻中去獲得許多東西，其結果是什麼也得不到，即便是得到了也非常容易失去。

對於女人來說，能靠得住的只有自己的經濟實力和豐富的內心世界，此外，什麼都靠不住。

 ## 六十二

什麼是寬容？寬容就是學會接受完全不同於自己的人。真正的學會寬容，就是能夠接受別人的不同，並能夠欣賞他人的不同之美。

寬容對女人是很重要的，它能讓女人的心胸變得博大，眼界變得寬闊，處理起問題來更加遊刃有餘。

 ## 六十三

有的人只是喜歡下雨天，有的人只是喜歡晴天，喜歡晴天的人占大多數。假如一個女人無論是晴天還是雨天都能找到快樂，她就比別人多了一倍的快樂。

雨天陰柔的美，晴天陽剛的美，在一個懂得享受生活

女人的眼睛裏都是美，都能得到快樂。

 ## 六十四

生活中最好的老師，不是那個教會你如何用知識換取麵包的人，而是那個教會你能夠感受生活甜蜜的人。

感受生活的甜蜜需要智慧的指引。

 ## 六十五

天下所有的女人都應該明白這樣一個道理：嫉妒只是自己無能的表現。嫉妒別人只能讓被嫉妒的人感到了自己的優越。

假如女人把優於自己的女人作為目標去追趕，女人就具有了自我成長的能力。

 ## 六十六

生活中有兩種人最可怕，一種是想改變一切的人；一種是什麼都不想改變的人。

想改變一切的人，年輕的時候雄心壯志，生活到最後容易一蹶不振。

什麼都不想改變的人，失去了做人的尊嚴。

最可稱道的有智慧的人是知道人生有限，人生能夠改變的東西也有限，但盡自己最大的能力去做了，用自己的能力證明了人活著的價值。

 ## 六十七

生活當中，我們無法選擇命運，但我們可以選擇對待命運的態度。快樂作家安德魯‧馬修斯每天做的第一件事就是對著鏡子說：「生命並不完美，但在未來二十四小時，我選擇快樂。」

把尋找生活中的快樂當成是一種習慣，你會發現生活中的快樂就伴隨在你的左右。

 ## 六十八

女人一定要有自己的事業，有事業才能活得充實、自在，才能有更大的空間發展自己。一個整天只關注丈夫和孩子的女人，終有一天會覺得自己空虛得要命。女人填充自己生命的東西不能僅有一樣，一定得是多元的，是自己能夠掌控的，只有這樣，才能在自己的人生中找出自在來。

六十九

能夠自己為自己創造出一份快樂，是聰慧女人的優勢所在。

能為自己創造快樂的女人，決不會陷到完美主義的泥潭裏不可自拔，她會承認人生的缺陷，只為自己的努力喝彩。她要的是過程，不是結果。這樣的女人，永遠不會掉到別人的目光裏走不出來。

 ## 七十

假如說二十歲的女人是蓓蕾，三十歲的少婦是花朵，四五十歲的女人則是花朵凋零前那剎那間的凝固。滄桑的美如同暗香，流淌在這個年齡段的每一個瞬間。

既然每一個女人都要走過相同的、不可更改的這樣一條道路——從蓓蕾到凋落，何不讓自己生命的每一個階段都充滿快樂呢。

 ## 七十一

一個女人的一生中能有一個人，讓她隔著歲月經年，在泛黃的紙間尋找他的字跡，在午夜夢迴時分尋找他當年的笑臉，在獨自面對自己的時刻，遙想曾經有過的相會時

分的纏綿——儘管失去的一切都遙不可及，回憶的美麗卻給了她的人生一抹絢麗的色彩，一絲澀澀的苦味，一縷淡淡的芬芳，溫暖著女人容易傷感的情懷。

 ## 七十二

做一個智慧的女人，就是知道自己在時間的長河裏不過是一個匆匆的過客，不過是有著有限青春年數的一個女人，不管是好事情好情緒還是壞事情壞情緒，都會交替著來填滿自己生命的空間。生活中的什麼東西都會改變，只有這種好壞交替的日子不會改變。不同的年齡階段所遇到的事情會不一樣，但都可以用好壞來進行概括。

女人的智慧要表現在能夠坦然面對這一切的來臨，在生命中不利於自己的時刻，能夠自己把自己拯救出來，不假手於他人。

 ## 七十三

智慧女人一定要有自己的理財方式，雞蛋放進不同的籃子裏是最起碼的理財常識，儲蓄、保險、基金、股票一樣都不能少。

理財是女人物質生活的保證，也是調節日常生活單調

無味的一種很好的方式。

尚未形成自己理財方式的女人，一定要儘快地學會理財，這是讓自己物質精神雙豐收的方式之一。

 ## 七十四

在生命有限的時光裏能夠爭取到無限的感受，就能給生命帶來極大的享受。這種享受才能給人活著的尊嚴，活著的快樂。

 ## 七十五

不要成為手機的奴隸，應是聰慧女性對自己提出的新的要求，每週有意的關上兩天手機，會使自己更快地進入自然的狀態。生活中沒有太多的事情值得自己時時高度的重視，也沒有太多的人值得頻繁地交往。

自己給自己的精神放假，是放鬆自己、儲備自己的良策之一。

 ## 七十六

從精神層面上來說，人類活得生動活潑的動力大都是來自於生活的無聊。為了擺脫無聊的糾纏，人們想出了各

種各樣的方法，有的人拿起筆寫出了優美的文字，有的人繪出了美輪美奐的圖畫，有的人彈撥出了心靈的歌吟，有的人磨煉出一手漂亮的技工活兒，有的人在政治的疆場上不停歇地伸展拳腳——

無聊感是人的一生中如影相隨的感受，任何人都無計徹底擺脫。生活中，不同的人都在想出不同的辦法來擺脫無聊的侵擾。

人的一生其實就是在擺脫無聊又深深地陷入無聊的循環中苦苦掙扎。

 ## 七十七

真正的愛情悲劇不是生離死別，不是終未能成眷屬，而是淡漠、時間、互耗。

愛情的最高境界是不能相守，卻有一生綿綿不斷的思念、牽掛，互為對方的精神大餐、靈魂盛宴。

 ## 七十八

有資料顯示：女性相比男性更容易自尋煩惱，也更易於讓自己不快樂，所以認識快樂學會快樂的女人，才能過上高品質的生活。

　　怎麼學會快樂呢？快樂感是完全可以培養的，一是從認知上改變自己，當自己不快樂的時候，找出不快樂的心理根源，找出發洩自己煩惱的方式，如向親人傾訴，或是自己寫發洩日記等。二是通過行為的改變讓自己快樂起來，如交友、運動、逛街等方式。三是通過外部環境的改變使自己變得快樂起來，如外出旅遊或參加各種聚會，或自駕車遊，或朋友結伴遊，多看喜劇片、動畫片——

 ## 七十九

　　對待生命有兩種方式：一是覺得這個世界上沒有奇蹟，這種方式最終使一個人喪失生命的激情，活得平平淡淡。二是覺得生活中的每件事情都是奇蹟，這種方式使人永葆生命的激情，一生過得豐富多彩，生機盎然。

 ## 八十

　　「一易千難」是人活著的常態，沒有人是例外。只是有的人把一易當做了克服千難的理由，有的人在千難面前失去了活著的激情。

　　人生其實就是一個克服千難的過程，並在這個過程中去享受生命的快樂。

生命就是通過戰勝困難才展示了它全部的美麗。

 八十一

人為什麼要研究哲學？因為只有哲學才能幫助人走出精神的困惑。追求永恆、無限、徹底、絕對、不變、常駐、大全、完美、至善是推動人研究哲學的一個重要動機。

羅素說過，追求一種永恆的東西乃是引人研究哲學最根深蒂固的本能之一。

凡是日常生活中喜歡哲學的女人，皆是因為她有更高精神上的要求。

 八十二

人的一生中多有這樣的時刻出現：我此時內心的快樂給了我極大的幸福感，我這一生活得值了！這樣的人生才是充實豐滿的，也是最容易有幸福感的。

遺憾的是很多人的人生中都缺少這樣的時刻，有的人只是無盡的奔忙、應酬，百無聊賴地打發時光，他們不曾想過生命中會有這樣的時刻，也就不會有最深刻的幸福的感覺。

這樣的時刻不要求多，也不會很多，每個人的一生中出現過幾次就足夠了，就不枉活過這有限一生。

 ## 八十三

古人說：「所謂美人，以花為貌，以鳥為聲，以月為神，以柳為態，以玉為骨，以冰雪為肌，以秋水為姿，以詩詞為心。」生活在當下時代裏的女人，有多少能達到這樣內外兼修的程度呢？追求花貌柳態的女人不在少數，追求月為神，詩詞為心的女人卻不是甚多。在推崇物質享受的今天，假如有愈來愈多的女性能在追求外貌美的基礎上，把追求內在美也當作自己生命的一種必需，這個世界上的美人就會愈來愈多。

 ## 八十四

得和失是人生過程中的全部內容和意義。一個人的生活中如果僅僅是得，生命就失去了動力；僅僅是失，人生就會過得昏天暗地。人生其實就是在得與失的交替中，才能品味出生活的芬芳，才能顯現出生命的活力，才能夠變得多姿多彩。

八十五

財富、名利、信仰是人的一生離不開的三樣東西，前兩樣的逐漸增多給人帶來的結果，要嘛是負擔，要嘛是虛無，只有信仰的堅定會隨著歲月的增加，讓人愈來愈感受到生命的充實和豐盈。

 ## 八十六

有人說一個女人的終極品味在於選擇丈夫，但在實際生活當中，是一個男人的終極品味在於選擇妻子。一個男人選擇了什麼樣的妻子，就等於選擇了什麼樣的人生。

女人對男人的滲透在日常生活中是點點滴滴的，是「潤物細無聲」的。好女人的芬芳如同暗香飄浮在一個家庭的上空，最終形成了這個家庭的生活方式，男人生活在其中，不知不覺地接受了一切。

 ## 八十七

生理狀況決定了女人最容易心情不好，當女人心情不好的時候，一定要學會多用幾種形式表達出來。可以借助琴棋書畫的藝術形式表達，也可以借助詩歌、散文、日記等文學形式表達，還可以借助爬山、游泳、球類等肢體運

動形式來表達，也可以借助聊天、購物等日常活動來表達——不論是用哪種形式，一定要把自己不好的心情化解掉，給自己的心情創造出一片藍天，才能保證自己身體的健康。

一個身心都健康的女人，一定要增強自己掌控自己情緒的能力，有了這種能力，就有了把握自己命運的可能。

 ## 八十八

生活中的好事情或者倒楣事情的到來，對我們每個活著的人來說是很少能夠自己做得了主的，但是我們可以很好地支配我們自己所讀的書籍、所參與的娛樂活動、所保持的友情關係。所以當人擁有了好的、精緻的對生活的鑑賞能力，有了調節自己情緒的能力，就是為自己修通了一條開往快樂生活的道路。在這條道路上，完全能夠自己做主。

這是人自己能夠做得到的事情，人為的培養自己精緻的鑑賞力，培養自己的情緒調節能力，是培養自己做自己君王最好的辦法。

八十九

英國哲學家休謨說過：「對於改進人們的氣質和性情來說，沒有什麼比學習詩歌、雄辯、音樂或繪畫的美更為有益的了。它能給人某些超群出俗的優雅的感受；它所激起的情感是溫和柔美的；它使心靈擺脫各種事務和利益的匆忙勞碌；愉悅我們的思考；使我們寧靜；產生一種適當的傷感情緒，這種傷感是一切心情中最宜於愛情和友誼的。」在現代生活當中，很多人在自己的物慾得到滿足之後，對自己的氣質和性情提出了更高的要求，休謨的這段話為人們提供了一種很好的修身方法。在自我修身的過程中，每個人通過適合自己的方式找尋到自己想要得到的東西。

 ## 九十

什麼叫品味？品味不是天生的，也不是一朝一夕能夠學來的，那是一點一滴的知識與教養積累多年之後，隨時閃現出來的人性的光輝。

 ## 九十一

女人一定要知道愛情是只可以享受不可以沉湎的。當

你享受愛情的時候，你知道愛情在人生中非常短暫，易逝的東西能夠抓住的時候，一定要緊緊地抓住。

當你沉湎於愛情的時候，你不懂得愛情很短暫的道理，一味地陷入到海枯石爛的盟言之中不可自拔，待愛情不說一聲就告別的時候，你就有了太多的苦惱，並痛不欲生。

早一些知道愛情沒有永遠的道理，就等於把它對於自己的傷害降到了最小最小。

每一個女人都做過愛情永恆的美夢，但那畢竟是夢境不是現實，殘酷的現實促使女人早一點清醒。

九十二

每一個夜晚的星空下面都有無數張仰望星空的寂寞的臉，女人不要以為天底下只有自己一個人是寂寞的，每一個人的人生中都會有無數次的夜晚獨自仰望星空的寂寞的感受。這是一個人的人生中必然會有的時光。

學會品嘗寂寞並享受寂寞，既然這是人生的必然，每個人都不可避免，又何必為自己的寂寞大為心傷呢？把寂寞當成享受，人生就有了新的味道。

九十三

生活中的每一個人都不能改變與生俱來的無奈的心境，但人可以改變自己對待這種無奈心境的態度，當你用樂觀的心態去對待自己所要承受的一切的時候，就具備了心靈旺盛的能力。

心靈旺盛的人有能力去創造或維持自己的幸福感，一直保有快樂的心情，在任何情況下都能對生活感到滿意，感到生命有意義，感受到自己有能力去戰勝來自生活中的一切困難和挫折。

心靈旺盛的人明知生命會有終結，但能笑對這種終結，這樣的人才是生活中真正的強者。

 ## 九十四

世上沒有一個女人能用自己的下半身留住男人，男人總是渴望自由的。

如果一個男人能夠長久地傾慕一個女人，一生一世對一個女人好，那一定是那個女人的上半身，也就是她的思想、她的才華、她的自信、她的幽默、她的內涵，深深地吸引了這個男人。這個男人的一生也走不出女人上半身的

光彩給他帶來的新奇感。

九十五

美國脫口秀天后歐普拉說：「我們可以非常清貧、困頓、卑微，但不可以沒有夢想。」對於一個女人來說，夢想是最好的護心術，護膚品。

擁有夢想的女人，臉上總是洋溢著光彩，眼睛裏總是閃耀著光芒，那是夢想給了她神奇的力量。

不同年齡階段的女人，有著不同的夢想。只要有夢想在心裏，就有了和歲月抗衡的資本，就有了自己為自己創造歡樂的力量。

九十六

智慧的女人一生能夠買到的最有價值的奢侈品就是寬容，購買它時的決心來自於智慧的判斷和抉擇。

九十七

人生很寂寞，成功者和失敗者的差別在於寂寞時的所作所為。

成功者用積極進取的態度去擊敗寂寞，讓生命在寂寞

時分也開出花朵；失敗者用消極的態度打發寂寞，讓寂寞把自己的身心都拖垮。

 ## 九十八

諾貝爾說過：「選這樣的女人做你的妻子，如果她是一個男的，你會選她做朋友。」男人的這種選擇的目光多是從精神層面去考慮的。當婚姻把男女雙方生理的秘密全部窺破之後，能夠不停地為婚姻增加新鮮度的只能是精神層面的東西。

婚姻一旦有了精神上新鮮東西的介入，完美和諧就容易在婚姻中出現。

 ## 九十九

對於一個女人來說，和外人接觸，十分鐘以內，美貌起著作用，十分鐘以後，就是女人的內涵在起作用了。

美貌加內涵的女人容易在事業和家庭上成功。女人的內涵是由知識加上智慧構成。

 ## 一百

一個女人真正的幸福是活到老了，還有一個男人在深

愛著她。

　　這個男人深愛她的原因，是這個女人有能力在生命的不同階段都能閃現出不同的光彩。這種光彩來自於女人智慧的指引，創造力的迸發，她深知沒有不老的愛情，在生命的不同階段，愛情卻有著不同的面孔。在生命的不同階段，女人都能理智的調整自己，讓自己盡可能的發出最璀璨的光芒。

　　這個女人知道，容貌有褪色的一天，單純的一個味道有讓人膩煩的一天，只有綜合素質的提高，生活能力的不斷提升，個人內涵的不斷增加，才是一個常活常新的女人，才能讓一個男人的一生都有新奇的感覺，才會有一生一世的愛伴隨著這個女人。

生活智慧

智慧的女人，
都把快樂放在身邊的小事上。

一

一個女人最應該知道的人生道理是：你不能讓別人來愛自己，你能夠做到的，只能是讓自己變得可愛。

 二

做一個懂得悲觀的樂觀主義者，才是女性正確的人生態度，你知道了自己的渺小，生命的有限，每個人只能在局限中生活，生命中有太多的東西自己不能掌握，知道了這些之後的樂觀，才是真正的樂觀主義者。

 三

一個生活得很充實的女性，一定是在多重角色中穿梭和跳躍的人，一定是一個懂得享受工作和生活樂趣的人。在家庭中，這樣的女人不會把自己的付出當成是嘮叨的資本，而是享受其中的過程，把愛與被愛當成是自己生命的幸福和奢侈。

角色單一的女性最容易陷入虛空的境地之中，想出辦法讓自己扮演多重角色，是女性突圍單一角色束縛自己的最好辦法。

四

不間斷的修行，就是用身體之苦來忘卻內心之苦。

人只有忘卻了生老病死的苦，才會有真正內心的快樂。

 ## 五

幸福剛剛好就好，多了就必然會出現新的痛苦。命運對每一個人都是公平的，它在這裏少給了你一點，在別的地方就會多給你一點。知道了這種道理，每個女人就會把握好命運給予自己的剛剛好的幸福。

 ## 六

人生如打牌，智慧的女人知道發牌權並不在自己手裏，拿到了什麼樣的牌，就只能用這副牌打下去，抱怨、沮喪都是沒有用的。

人的一生能盡自己最大的努力，把手中的這副牌打好，就是把人生做到了最好。

 ## 七

每個人的生前和死後都是漫長無比的時間，上帝只是

給了人百年之內的時間。在這段時間內，人們感受到了生命中的千百種滋味，正是這些滋味的滋養，才使得人的生命閃閃發光。

在漫長的時光之河中，一個人的生命只是閃光的剎那，

一定要愛惜生命，珍惜這段生命能夠發光的短暫時光。

 八

快樂像是跳高，跳桿愈低，人就容易活得愈加輕鬆，愈加無所畏懼。

快樂的標準就像是一根可以無限拉伸的橡皮筋，人的慾望越大，它就拉得越長，快樂的標準也就越高，越高的快樂標準，是人越找不到快樂的感覺。

女人生活的智慧是把快樂的標準降低一點，人生就會容易找到快樂。

愚蠢的女人都把快樂寄託在未來；

智慧的女人都把快樂放在身邊的小事上。

九

生活中每一個人看似繁雜生活的表面之後，都是那顆害怕孤獨寂寞的心，無論是做工作、談戀愛、去消費、參加各種活動，有多種興趣愛好，參與爭權奪利等各種人類的精神活動、社會活動，都是為了擺脫孤獨寂寞、焦慮恐懼等不良情緒的糾纏。

活在世界上的各種動物中，唯有人這種動物，活得最艱難，也最偉大。

 十

每一個智慧的女人，都會憧憬「曾經滄海難為水，除卻巫山不是雲」的愛情，也渴望自己擁有「清晨簾幕卷輕霜，呵手試梅妝」的嬌柔，更幻想著「紅箋小字，說盡平生意」的閒情。有這樣精神需求的女人，才能將女人的情感要求表達到極致，才會有精神世界的豐富多彩。

 十一

生而盡其動，死而盡其靜。動得品質如何，全看一個人的創新能力。

人，動得絢爛，才能死得靜美。

十二

什麼人是君子？李叔同說過：我不知道何為君子，凡事肯吃虧者便是；我不知道何為小人，凡事好佔便宜者便是。

君子的另一定義是：人不被理解而不生氣，便是君子，達不到這個高度，便是尚處於小人階段。

 十三

女人假如能夠達到最可怕的是失去自我，而不是失去男人的愛的時候，這樣的女人才是真正的找到了自我。

自我對女人來說是第一重要的，有了自我，多變的愛情才能在女人身上相對的牢固。

 十四

心美一切皆美，情深萬象皆深。活在人世間，一定要有心造美景的能力，有了這種能力，生活想不快樂都很不容易。

 十五

世界上沒有一個完美的人，卻有完整的人。一個完整

的人就會有優點和缺點。

懂得了這一點，每個女人就會在生活中多了一份豁達和自由，就不會因為世界上沒有完美的男人而懊喪，也不會因為自己不夠完美而過多的自責。

 十六

大自然始終沒有造出一種比人類的精神更頑強的物質。

正是人類頑強的精神存在，才有了比大自然更美麗的景色。

事實上，世界上最美的景色是在人的心裏。

 十七

一個女人永遠賴以自立的是，她的思想、智慧、良心和做人的尊嚴。

沒有這些做一個女人的根基，女人在人世間是站不穩的。

 十八

人的生命，其實是一個不斷的受傷、不斷的修復的過

程。

　生而為人，就不可避免的遭遇人在不同的生命階段，所必然要經受的傷痛。傷痛並不可怕，可怕的是人不能正確的面對傷痛。

　能夠正確的面對傷痛，是知道它對人生是必然的，是無人能夠逃脫的，是每個人都要經受的。當人們從這個高度去理解傷痛的時候，人的自身就有了堅不可摧的自我修復的力量。

十九

　很多女人和男人相處，大都限於淺層次的交流，或崇拜其政治地位，或迷信其學術成就，或貪圖其金錢財物，能在和男人的交往中有精神交流，並向男人學習本領的女人卻少之又少。這也是女人少得男人從心裏敬佩的主要原因所在。

　在和男人的交往中，能向男人學習，不斷提升自己的素質，並能亮出自己的觀點，展示自己學識的女人，才是女人中的上品。

二十

人活這一輩子，就是不斷的解決來自生活的一個又一個問題，有的人生存問題解決好了，精神就容易出現問題，而大部分人必須面對的是解決生存的問題。

世界上沒有一個人能夠逃脫這樣的命運。

這就是人生的真相。

 二十一

有這樣一副對聯：人生哪能多如意，萬事但求半稱心。將人生的實質看破。

人活一世，是不可能事事都如意的，假如是事事都如意的生命，根本就不懂得人活在世上到底是什麼滋味，也就沒有了生活的動力。事實上，這樣的生命也是不存在的。

既然人生不可能事事都如意，那就改變自己的生活態度，改變成面對生活中的一切事情都求半稱心好了。生命的品質也會得到很大的提高。

 二十二

活到這樣的境界，你才真正的活出了女人的味道，那

就是你所做的一切都是為自己而活，你在經濟和精神上都高度的獨立，登臨了男人一生都難以仰攀的高度。雖然你年齡大了，風姿不再，但你擁有了經驗、豐厚的經歷、人生的萬千滋味，更重要的是你學會了寬容，學會了和這個世界和平相處。你快樂的離開人群，找一處能安放自己身心的地方，從容地看天邊日升日落，聞窗外風聲雨聲。

 ## 二十三

做女人一定要清楚這一點：儘管有一千件事情讓你痛苦，但在一千件讓你痛苦的事情之外，一定還有讓你幸福的事情。

明白這一點至關重要，正是這一點支撐你從人生的低潮中走出來。

 ## 二十四

女人的一生是一個不斷變化的過程，從牙牙學語的稚兒到步履蹣跚的老婦，死亡只是人生變化的一部分。

在生命的過程中，生活中的很多事情都是重複的、單一的，只有人為的將自己單調的生活變化起來，才叫控制了自己的生命。

二十五

　　一位哲人曾用這樣的話來闡述自己對生命品質的理解：生得好，活得長，做得美，病得晚，死得快。

　　對於每一個有著豐富的生活閱歷，又具有透視生活本質的女人來說，追求這樣的生命品質也是必然的。

　　在這個過程中，做得美是最為重要的事情，也是人唯一能夠自我控制的事情。

 ## 二十六

　　一個智慧女人的顯著標誌是什麼？

　　是從不為自己沒有的東西而沮喪，而為自己擁有的東西而喜悅。

　　人活一世，決不可能是什麼東西都能得到的，一定要知足，為自己已經擁有的東西而知足。

　　當一個人，尤其是一個女人擁有這樣的生活智慧之後，她就容易變得快樂起來，因為她知道，就是自己不快樂也改變不了生活鐵定的規律。與其這樣，還不如快樂。

 ## 二十七

　　在生活中，當個重要的人固然是愉快的，但是更重要

的是，當一個快樂的人。

做一個快樂的人的前提是這個人要有哲學意識，要有超然物外的生活態度。

這種態度的形成，往往來自於一個人的哲學素養。

 ## 二十八

在一個人的生命裏，與別人相處是一種能力的體現，與自己相處同樣是一種能力，而且是一種很重要的能力。因為一個人只有具備了這種能力，才能將觀察、體會、深思過的東西，變成一種創造力迸發出來，發出個體的獨特的光芒。

 ## 二十九

一個智慧的女人就是讓娶她的男人更加聰明，更有創造性。這樣的女人再加上外在的美麗，獨特的韻味，就容易變成男人手中的寶。

一等男人願意娶讓自己變得聰明，能成為自己對手的女人為妻；

二等男人願意找一個美豔有點個性的女人為妻；

三等男人願意找一個美豔加聽話的女人為妻。

三十

在婚姻裏別把愛丟了，在愛裏不要把自己丟了。

在生活中，女人能做到這一點，就等於一定程度上掌握了自己。

 ## 三十一

拿破崙說過，人身上有一個看不見的法寶，這個法寶一邊裝著四個字「積極心態」，另一邊裝著四個字「消極心態」。一個人的人生是否精彩，取決於人的生活態度，用「積極心態」去生活的時候，人生就充滿了陽光、智慧和力量。反之，用「消極心態」去生活，人生就見不到任何光亮。

 ## 三十二

欲瞭解一個男人的品味如何，不需談別的，只要和他聊女性即可。

對女人的要求，決定了一個男人的終極品味。

 ## 三十三

一個女人的心胸豁達，再大的事情也會變得很小；

一個女人的心胸狹窄，再小的事情也會變得很大。

三十四

一個智慧的女人知道在經濟上可以依賴工作，從精神上絕對不可以依賴工作。一旦從精神上依賴工作的時候，最容易被生活所打敗。

女人的精神力量在年輕的時候就應該著力培養，到自己年齡大了的時候，給自己雕塑自己就留有了足夠大的空間。

三十五

如果人把自己的生命當成租賃，就會加倍地珍惜身邊的一切，就會把生命中所做的一切，都當成是享受的過程。在這個過程中，最本質的東西就是收穫快樂，就會和生活中的一切不順遂拉開距離，把生命的每一天都活出精彩。

三十六

一個人欲要成為自己生命的主人，一定要有一種簡單的生活態度才能做到。

追求精神的高貴，看輕物質在自己生命中的比重，才能活出屬於自己的精彩。

 ## 三十七

保持人與人之間最佳關係的妙法是距離，有距離的愛才是人間最明智的愛。「意有所至，而愛有所亡。」說的就是這個道理。

人與人之間不能太遠也不能太近，保持適當的距離，是人類生存智慧的體現。

 ## 三十八

當女人進入老年的時候，把一切快樂的享受都寄託在精神上，就容易把生活中的忍受變成享受，把生活中的不快樂轉化成快樂。

有這樣人生哲學的女人，到了老年也容易活出滋味來。

 ## 三十九

一個女人要想知道所愛的男人對自己有多大的耐心，就先掂量一下自己在他心中的分量。

男人的耐心是和女人所佔的分量成正比的。

四十

「七十始知己無知」是一種向上的積極的生活態度，有這樣強烈的求知慾望的老人，一定會度過一個充滿活力的老年階段。

四十一

人世間最寶貴的東西莫過於時間，你成功也罷，失敗也罷，這些都是暫時的，一切都會過去，都會被時間帶走。

生命中的一切都是有限的，短暫的，只有時間的長河滔滔不絕地向前流動。

每個人在時間的長河裏，只是一個短暫的過客，讓自己快樂並充滿幸福感，是人生最重要的事情，明白了這一點，人最容易豁達起來。

四十二

平淡是人生的常態，如何在平淡的日子裏活出色彩來，全靠一個人對自己生命的把握。

　　為自己平常日子裏做成的每一件小事而喜悅，為自己生命裏每一次的感動而快樂，為每天所享有的一切而感恩，一個人就在平淡的日子裏活出滋味來。

　　人生是由生活中無數個平淡的日子、無數個平凡的小事組成的，在平淡和平凡中找到平衡，就把握了生命快樂的真諦。

 ## 四十三

　　一個女人要靠自己的頭腦、心靈來生活，才能更好的指揮自己，才能活出人的味道。假如女人只靠自己的姿色來活的話，下場必然是可悲的。

 ## 四十四

　　愛好虛榮，渴求別人的讚美，這是女人身上最大的弱點。

　　很多女人不知道，這種弱點給自己帶來的後果，是把自己的快樂放在了別人手中。

 ## 四十五

　　心靈是一個女人夢想的出發地，有什麼樣的夢想，就

會誕生什麼樣的財富。這種財富或者是精神的，亦或是物質的。

財富只能來自一個地方，那就是心靈。

 ## 四十六

對於一個成功女性來說，沒有永遠的機會，但有持續不斷出現的機會。你能識時地抓住了這樣的機會，再加上個人的勤奮和努力，就容易再次成功。

一次又一次地捕捉機會的過程，便是生命大放光華的時刻。

這樣的女人永遠不老。

 ## 四十七

哲學尋求的是「天下萬世之真理，非一時之真理」，它具有最神聖、最尊貴的精神價值，只有這種價值才能滿足人靈魂的需要，也具有最長久的作用。

喜歡哲學的女人深諳其中之奧妙，才有了保持心靈永不枯竭的力量。

四十八

在女人生命的成長過程中，有兩種形態，一種是繪圖，也就是給生命不斷的增加色彩，這個階段大都是在女人的青春時期；另一種則是雕塑，也就是不斷的剔除掉身上多餘的東西，這個階段大都是在女人的中老年階段。

女人在自己生命的不同階段，一定要清楚自己在這個階段應該做什麼？怎麼做？什麼東西值得堅守？什麼東西必須放棄？

 ## 四十九

人生中最重要的財富是什麼？不是權利地位，不是寶馬香車，不是聲名顯赫，最重要的財富是人生的智慧。

人生的智慧能夠讓人認識到生活中的不如意，各種煩惱的產生是客觀存在，任何人都不能倖免，只是各自的不如意和煩惱不盡相同而已。這樣就容易把生命中的一切煩惱都看淡，就有了擊退煩惱，解決煩惱的思想準備和處置能力，也就有了藐視煩惱，克服困難的勇氣和力量。這才是人生最大的財富。

五十

婚姻生活就是一場互動遊戲，是否好玩，是否精彩，決定著婚姻的品質。

沒有互動，沒有相互的給予，就是當初看起來很好的婚姻，最終也會失敗。

 ## 五十一

人生是有限的，無論一個人怎樣蹦蹦跳跳，也擺脫不了百年的命運，人唯一能做到的，就是增加生命的寬度，讓自己盡可能的體驗生命的多種滋味，感受生命不同階段的喜怒哀樂。這樣就自己給自己加長了生命。

 ## 五十二

一個人生命中快樂的時間，才是他生命真正存活的時間。世界上有一個民族就有這樣的習俗：每個人長到十五歲的時候，發給他一本小本子，一邊記上他快樂的事情，一邊記下他快樂的時間。當一個人走完生命歷程的時候，人們會按他記下的快樂的時間來計算他生命的時間。

常常是這樣的情況出現：每個人的生命中快樂的時間，只有幾年或者是十幾年。

生命是如此的短暫，所以人為的將自己生命中快樂的時間拉長，就是一種最智慧的生活態度。

事實上，人的生命品質不是靠年歲來計算的，而是以生命中快樂的長短來劃分的。

 ## 五十三

女人存在於這個世界上，最大的力量是柔情，女人不可戰勝的力量是柔情加上智慧。

 ## 五十四

沒有愛情的女人，人生是殘缺的；

沒有柔情的女人，人生是失敗的；

沒有淚水的女人，人生是乾燥的；

沒有夢想的女人，人生是黑暗的；

沒有事業的女人，人生是脆弱的；

沒有智慧的女人，人生是沒有希望的。

 ## 五十五

什麼是生活品味？品味不僅是優雅的生活方式，豐富的精神生活內容，更是一個人美德、獨立的人格、善良的

內心的集合。

　　一個有生活品味的女人，像一塊晶瑩剔透的玉，散發出溫潤的芳香，一個沒有生活品味的女人，擁有再多的財富，也只能是一個玻璃珠子，只有外表閃閃發光。

五十六

　　內心有陽光，才能真正的感受到人世間的明亮。

　　大自然的陽光是無法抵擋人的心靈的，人的心靈只能自己來製造陽光。

　　一次小小的感動，常常能溫暖人的內心很長時間，人的內心是一把乾柴，生活中一次又一次的感動，就能把人的內心點亮，讓人感受到生命的溫暖。

　　一個人常做感動別人的事情，也常常被別人所感動，就等於自己給自己製造了心中的太陽。

五十七

　　伴隨著青春生命而來的是花朵和詩歌，是夢想和激情；

　　伴隨著老年生命而來的不應當是沉沉的暮氣，還應當有激情。

假如說青春時期的激情是大自然的賜予，老年人的激情則是智慧的產物。

當人年老的時候，用智慧去點燃生命的激情，用藝術作為存在的方式，才是生命華美的落幕。

 ## 五十八

生命存在的每一天都是美的，無論你是身處順境還是逆境，順境給你順境的體驗，逆境給你逆境的感受，二者是不可替代的，也是人生必需的。

順境和逆境交替出現的人生，才是一個人最好的人生。

 ## 五十九

一種植物開花，無非有兩種結果，一種是只開花，一種是先開花後結果。前者用花朵美麗了人間，後者用果實香甜了人間。

它們用自己不可替代的方式，詮釋了生命的存在。

 ## 六十

用鮮明的指向，正向的思維，堅定的意志，在自己的

精神空間裏植樹造林，就能抵禦壞情緒的侵擾，就能和一切不達意、不美滿拉開距離。

這是人不用靠外力就能做到的事情，也是人內在能力的最大使用。

六十一

女人在不停地修煉自己的過程中，內心能夠達到秋波無痕、素心如玉的話，即使有人生的暴風驟雨的來臨，她也能輕裘緩帶，玉樹臨風。

六十二

人生在世，誰能保證這四樣東西都有呢？那就是有錢，有時間，有精神生活，沒有病。現實生活當中，所有的人都在殘缺中生活，或沒有這一項，或沒有那一項，這四樣東西同時具有的人，真乃是世界上的絕品。

六十三

茫茫人海中的每一個人，都是某個人一生的摯愛，這種愛無論能否結成婚姻，它都是人的一生中最為亮麗的風景。

曾經刻骨銘心的愛過一個人，這便成了人的一生中最為貴重的財富。無論在什麼時候，都是點亮人內心黑暗的一盞明燈。

 ## 六十四

在大自然中，是黑夜和白天、晴天和雨天的輪番出現，在人的生命中，是痛苦和歡樂的輪番出現。

大自然的轉換是人力無法改變的，而人對生命的感受卻可以自我調節。作為人，一定要清楚生命中的哪些東西是自己可以掌控的，哪些是無力改變的，才可能活出人生的滋味。

 ## 六十五

能把自信貫穿在日常生活中的女人，才是真自信。

在職場上自信的女人比比皆是，但同時能在日常生活中，也表現出一種自信來是不容易的，因為它考驗女人的不但是工作的能力，更重要的是生活的能力。

會工作同時會生活的女人，才是女人中的珍品。

六十六

有一個窗明几淨的家很容易，有一個清亮潔淨的心靈卻很難。

人的心靈也需要不停地收拾，把垃圾都扔出去，人的心靈才能放進愛和溫暖。

六十七

人生很像一個容量非常有限的容器，你將快樂放多了，痛苦就會少一些；你將愛放多了，恨就會少一些。

在這個容器中，決定放什麼東西，還是一個人的文化素質所凝結而成的智慧，在起著最重要的作用。

六十八

知止是人生最好的心態，人活到一定的年齡，就一定要有這樣的心態。其實，知止就是一種自我拒絕，自己對生活說，我得到的已經夠了，我不要了。

知止和知足不同，知足是對生活還有要求，只是暫時的不太計較。

六十九

為了處理情緒緊張，焦慮或悲觀失望的狀態，女人常常會採取這樣的方式來對待自己：一是暴飲暴食，二是酗酒抽煙，三是深度的自責和絕望。這是毒害女人最深的三種方式，這些不健康的生活方式，會把女人整體拖垮。

女人一定要知道活在世上就不可能沒有壞情緒，有壞情緒是自然的，當壞情緒出現的時候，女人就用修飾打扮、購物、和家人、朋友交流、鍛鍊身體、唱歌、閱讀等多種辦法進行排解，用這些小快樂驅走心情上的不快樂。

想盡一切辦法讓自己快樂起來，不做壞情緒的奴隸，是女人最大的智慧。

 ## 七十

女人到這個世界上來，和一個男人相愛，不僅僅是享受他給予的愛、財物和利益，更多的是分擔他的憂愁，幫他挺過人生所必要承受的苦難。

 ## 七十一

蒙田說：「世上最難學懂學透的問題，就是如何享受生命，在我們所有的缺點中，最嚴重的就是輕視生命。」

能把工作和生活都當成自己生命過程享受的女人很少，也就有了很多不快樂的女人。生命的過程其實就是在遭遇一件又一件的事情中完成的，能夠享受這每一件事情的過程，女人就擁有了更多的快樂。

 七十二

人生需要度過無數個關口，才能最終完成自己生命的過程。度過每一個關口都需要勇氣和堅強，直到心平氣和的等待死亡的來臨。

 七十三

女人一個很重要的角色就是做母親。女人能夠快樂地生活，孩子也容易感受到快樂，並在快樂的氛圍中身心健康的成長。

女人快樂了，一個家庭就充滿了快樂。女人的快樂是家庭快樂的根本保證。

 七十四

女人的快樂是什麼？不是擁有揮金如土的財力，不是有無數好時光可以消磨，而是讓自己有從容平和的心態，

有理智縝密的計畫，有自己能夠產生持續快樂的平臺，並且自己有能力去搭建這個平臺，有能夠自己演出一幕幕戲劇的實際能力。

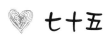 **七十五**

健康的快樂來自於短時、適度、有規律、定期的快樂，而使人達到幸福最高狀態的，不是快樂的程度，而是感到有一點快樂的次數。這種快樂的次數自己能夠掌握的，就是常懷感恩心情，感謝自己所得到的一切，就是培養自己多種多樣的愛好，自己讓自己快樂。

七十六

作為女人，一定要學會經營自己的內心，不讓不快樂的感覺奴役自己。在知道了人生的真相之後，不要讓太多不實際的期盼主宰自己，假如自己的內心是豐厚充盈的話，就能夠笑迎人生的一切不如意。

既然人生就是這樣好壞參半地出現在每一個人的生命裏，又為何為自己某一個時期的不如意而黯然神傷呢？

七十七

今天的女人做母親，不再是傳統意義上的相夫教子這樣單一的角色，女人還有自己的社會角色，有自己的價值觀念，女人既想做好女兒、好妻子、好母親，也想做好員工、好上司，女人需要在多種角色中轉換，這就需要女人有更多的智慧，更大的能力才能完成這一切。沒有智慧的指導，女人就會陷入多重角色的迷茫中走不出來。

 七十八

俄國作家列夫・托爾斯泰說過：「一個人好比是分數，他的實際才能好比分子，而對自己的估價好比分母。分母愈大則分數值愈小。」用數學的概念來闡述人生是極為精確的，很多女人因為搞不懂人生中這樣的數字關係，從而將自己的生活搞得一團糟，使自己的分數值降到最小。

 七十九

人生的快樂和人的三種生存環境有關，一是生存環境，必須是和平及民主的，二是身體環境，必須是健康的，三是內心環境，必須是平和及安寧的。這三種環境對

人的生命來說缺一不可。

 ## 八十

一個女人知道人生是有限的，找到了永恆；知道人生是必須要經歷苦難的，找到了真相；知道愛是無限的，找到了自由；知道德行是不變的，找到了準則。

 ## 八十一

德國哲學家康得說過著名的一段話：「敬畏天上的星空和心中的道德定律」。對女人來說尤為重要，這應是女人內在的重要構成，有了這兩樣東西，女人就能構建起自己精神生活的大廈。

 ## 八十二

愚蠢的女人在未來尋找快樂；

聰明的女人在身邊尋找快樂。

聰明的女人很容易犯的一個低級錯誤就是把快樂寄託在將來，結果是自己永遠在不快樂的心境中鬱鬱寡歡。

八十三

一個支持女人發展自己的男人是可貴的；

一個讚許女人創造能力的男人是令人尊敬的；

一個欣賞女人智慧的男人是最可愛的。

 ## 八十四

女人有能力讓自己的家充滿溫馨柔美的氣息，才有可能在社會上做成某件事情。在自己的家庭裏都無法展示自己柔性的美，在事業上也很難成功。

 ## 八十五

假如說事業對一個女人來說是第一度空間的話，女人事業之外的愛好、興趣，生活手藝、生活品味，則為女人的第二度空間。女人的第二度空間愈大，愈能在第一度空間裏享有更大的自由。

在物質得到很大滿足的今天，女人開發和使用好自己的第二度空間是最為緊迫的事情。

 ## 八十六

喜歡讀書對女人來說是一件好事，但讀書不是為了讓

自己強大，而是為了讓自己柔軟，讓自己更好地去適應生活，享受生活。

當讀書讓自己變得愈來愈僵硬，愈來愈不知道生活是怎麼回事的時候，這樣的讀書對女人的傷害更大。

 ## 八十七

時光會讓女人的容顏褪色，卻讓女人的內心一天天豐滿；

歲月偷走的只能是女人的外表，留下的卻是智慧的內心。

 ## 八十八

建好自己心靈的後花園，在這裏可以排濁氣滌俗氣，可以從文學、藝術、歷史、宗教等各門學科中，汲取養分來營養心靈，得到滋養的心靈才能煥發出勃勃的生機，人才能感受到只有人才能享有的崇高的精神生活。

有了自己心靈後花園的女人，氣質和風韻就會卓爾不群，就有了任何人都模仿不來的獨特氣質。

女人正是因為有了豐富的精神生活，才顯示出了自己真正的美麗。

八十九

女人最應該為自己的心靈上一份保險，因為女人渴望感情溫暖的心最容易受到傷害，最容易被壞的情緒所左右。

女人為自己心靈上保險的方法，是清楚人生的底牌不外是好壞參半，沒有永遠的光明，也沒有永遠的黑暗，就看自己能否堅持到最後，就像詩人里爾克所說的那樣：「沒有什麼勝利可言，挺住就是一切。」

人生就是這樣坎坷不平的，情緒也是好好壞壞的，凡是活著的人都是這樣，沒有一個人能逃脫這樣的命運，明白了這些道理，就等於給自己的心靈上了一份保險。

九十

女人的快樂計畫，就是每天制訂一個小目標，當這個小目標能夠完成的時候，自己對自己的第一個獎勵就是開心一笑，再就是對自己物質上的獎勵，或做上一頓可口的飯菜，或去餐廳和朋友吃上一頓，只看自己的快樂程度。

女人每天制訂的目標愈小，就愈容易獲得快樂。女人所有的快樂，就是從每一天的快樂開始的。

　　快樂的目標一定要小，才能得到快樂，假如整天都是宏大計畫，人也就整天活在目標不能實現的沮喪之中，人也就失去了快樂的能力。

 ## 九十一

　　單身的女人不一定是獨立性很強的女人，獨立性強大的女人表現在三個方面：一是經濟的獨立，二是情感的獨立，三是精神的獨立，這三者缺一不可，只有這三個方面的獨立，才有可能支撐起女人獨立的人生。

　　一個婚姻中的女人有可能是獨立的，只要她具備了女人獨立的三個方面，正因為她的獨立，才有了她在婚姻中的遊刃有餘。

　　無論是婚姻中的女人，還是單身的女人，獨立性對她們都是至關重要的，也是她們戰勝生命中每一次情緒低潮的法寶。

 ## 九十二

　　人的一生都是一個學習的過程，假如能夠做到「無時不學，無處不學，無人不學」，就達到了學習的最高境界，也就是孔子所說的「默而識之」。正是「默而識之」

成就了人世間的無數大家。

人與人之間的根本差距，不在於曾經接受過什麼教育，而在於一生是否都在學習，都在興致勃勃的學習各個方面的知識，並且把學習當作自己的一種生活方式。

 ## 九十三

作家海明威墓碑上刻著這樣一段話：「人生最大的滿足不是對地位、收入、愛情、婚姻、家庭生活的滿足，而是對自己的滿足。」

對自己的不滿足是人活下去的理由，一旦人對自己的一切都滿足了，就無法感受到生命中的快樂，價值感就蕩然無存，生的意義也就不存在了。

逼著海明威走上人生絕路的，正是他對自己的徹底滿足。

 ## 九十四

在這個世界上，只要生而為人，就一定會經受痛苦和喜悅的輪番洗滌，就一定會體驗到心理高峰和低谷的交替到來，光有喜悅和心理高峰的人生是不存在的。作為人一定要認清這樣的一個客觀事實，不管你是否願意，只要是

人，就要接受這樣的生活。這種接受，就是坦然的面對失敗，坦然的面對壞情緒的到來，它們對人生是必然的，是人力不可改變的。

面對人生不可改變的東西，人能夠坦然接受並能適應它，就能夠找到人生快樂的真諦。

只有這樣生活的人生，才是充實而圓滿的。

 九十五

快樂是可以選擇的，面對平淡如水的日子，你選擇了快樂，用積極的心態去對待生活，你就比別人多了明媚的陽光、清新的空氣。

境由心造，在所有的人生選擇中，選擇快樂，就是選擇了一條通往幸福的大道。

 九十六

女人可以長得不漂亮，可以才智上弱一些，千萬不可德性缺乏，「厚德載物」應是女人工作和生活中的圭臬。

在這三個條件中，只有德性是女人可以自己掌握的。

九十七

愛情不僅僅是**轟轟**烈烈，更多的是平凡瑣碎的生活。

歲月會一點一滴的抽走愛情的光鮮，直至默默相伴。

由愛而結成的伴，是由人生中許多次的歡樂和痛苦慢慢凝聚而成的。

 ## 九十八

知識不僅僅使人強大，還應該使人柔軟。

知識不僅使人通向成功，還應該使人知道失敗和不如意是人生的必然。

每一個生命都應該順應生活的規律，學會向不可改變的客觀事實妥協。適應生活，才會有高品質的生活狀態出現。

 ## 九十九

人生如水，水有三種存在狀態，一種是水，一種是冰，一種是水蒸氣。

人生也有三種狀態，水的狀態是由溫度決定的，人生的狀態則由每個人的心靈的溫度來決定的。

人生的三種狀態是：假如用消極的心理來對待生活，

人生就如冰，人只能擁有腳下的一小塊地方；假如用平常的心理來對待生活，人生就如水，可以流向江河大海，但離不開大地；假如用積極的心理來對待生活，人生就如水蒸氣，成為天上浮動的雲，就同時擁有了天空和大地，也就擁有了整個宇宙。

人生如水，是心靈的溫度決定了一個人的人生走向。

 一百

女性經歷了少女時期的青澀，青春　時期的煩惱，經歷了求學求職的艱辛，經歷了戀愛、結婚、生育的苦樂，經歷了工作和家庭生活的成功和失敗，經歷了身體上和心理上的多種不適之後，終於走向了老年階段。

這是女人如詩的年齡階段，終於卸掉了身上沉重的人生使命，走向了緩慢的、能夠充分感受生命多種滋味的階段。因為經歷了人生的甘苦，才更能感受到生命的芬芳。

不再有名利的糾纏，不再有更多的奢望，有的只是豁達與寬容，有的只是優雅和歡樂。

最大化地享受老年給女人帶來的如詩的美麗，是女人最高的智慧。

後記
PREFACE

學會尋找快樂是生活的一種智慧

在繁忙瑣碎的現代生活當中，女人生活中的快樂都是尋找來的，不會尋找快樂的女人肯定是缺乏智慧的。

快樂為什麼需要尋找？因為人生本來是苦的，尤其對女人來說，沒有美貌的苦，沒有知識的苦，沒有智慧的苦，沒有金錢的苦，沒有情感的苦，生兒育女的苦，害怕衰老的苦，生理不適的苦，求職謀業的苦，心理低潮的苦，生老病死的苦——這就是生活的本質，是每個女人都要經歷的，是任何人都不能改變的。女人對於生活中不能改變的東西只能適應，能改變的只能是自己的心情，而改變心情最好的辦法就是學會尋找快樂。

作為一個女人，妳不去尋找快樂，快樂決不會自動來找妳。

在女人的一生當中，不同的生命階段有著不同的快

樂，每一個女人都有一份屬於自己的快樂，就看妳是否會尋找；學會尋找快樂，並將這種快樂充實在自己生命的各個階段當中，人生就找到了法寶，就活出了滋味。

女人在青春時期，要盡享青春的快樂，這種快樂可以是在學習的過程中去尋找，學會了知識，打開了眼界，增長了本領；也可以在戀愛的過程中去尋找，第一次的心動，第一次愛情潮水的洶湧；也或許是在交友、購物、運動、旅行、時尚等，各種能夠給人帶來快樂的過程當中找到快樂。生於和平年代的年輕女人，不必有「人生不滿百，常懷千歲憂」的感歎，不必把「吃得苦中苦，方為人上人」的古人教誨當作自己的座右銘，能把生活中的小煩惱解決掉，能夠快樂的去過生命中的每一天，就是最好的生活態度。

女人在職場上，要學會從工作中尋找樂趣，把展示自己的才華當成是最大的快樂，能把工作和自己的興趣結合起來，就會收穫更多的快樂。自我價值的實現，同行的認同，上司的賞識，人際關係的如魚得水，都會給職場的女人帶來快樂。女人更要學會從創造中尋找快樂，無論是工作中的一種創意，還是實踐著創新的設計，都會給女人帶來最由衷的快樂，這種快樂也是能夠持續發展的快樂。

　　婚姻中的女人，不要渴望愛情天長地久，不要希望浪漫依然，要知道世界上的一切東西都是流動的，都是變化的，愛情也是這樣。明白了人生的這種真相，就多了許多從容，許多睿智，從自己做起，只要把婚姻中的奉獻當成是自己的快樂，就有一份回報給你帶來更大的快樂。婚姻中的女人有了這種智慧做底，就有了獲得快樂的根本保證。煲一鍋靚湯，有幾樣拿手的好菜，收拾出一個潔淨的家，有教育子女的能力，淡雅而有品味的裝扮——這些都是婚姻中的女人獲取快樂的最佳途徑。

　　初做母親的女人，在孩子的每一個笑容裏，在孩子的每一聲呼喚裏，在孩子的成長過程中去感受快樂。這種快樂是獨特的，是不可複製的，也是金錢買不到的。儘管妳的付出，妳的苦痛是快樂的許多許多倍，但妳能夠從中發現生命中從來沒有過的最獨特的快樂。能安然的享有這樣的快樂，就等於給了自己最大的獎賞。

　　步入中老年的女人，走到了人生最為崎嶇的一個階段，「雨中黃葉樹，燈下白頭人」是這個年齡段女人的心境寫照，生命的光鮮遠離了這些女人，她們更容易傷感，更容易感受生命中的不快樂，所以尋找快樂對於她們來說，就顯得更為重要，更需要智慧的指引。她們的快樂在

哪裡？在與衰老抗爭的激情裏，在兒女長成的驕傲裏，在永不截止的創造中。只有滿懷激情地去擁抱生活，這個年齡段的女人，才能得到最真實的快樂。

人生因為不能恢復才更加精彩，讓活著的每一天都精彩，是生命賦予我們的神奇密碼，破解這個密碼的武器，就是讓快樂主宰生命的每一天。

快樂是過一天，不快樂也是過一天，何不選擇快樂和自己做伴呢？生活決不會因為妳的不快樂而有任何改變，卻會因為妳的快樂而變得有滋有味。

女人要想在一生的各個階段都保有可持續性的快樂，就一定要有知識，有智慧，有養活自己的能力，有內在的精神生活，有獨立的情感生活，有工作之外的業餘愛好，有讀書、運動、聽音樂的好習慣，有「寵辱不驚，看庭前花開花落，去留無意，觀天邊雲卷雲舒」的達觀心境，知道女人外表的美麗只是讓人的眼睛舒服，而內涵的豐富、舉止的優雅，卻讓人的靈魂著迷這個最樸素的人生真理。

人生的底牌是什麼？法國作家大仲馬說：「人生是一串無數的小煩惱組成的念珠，達觀的人總是笑著數完這串念珠。」既然世上的每個人的人生都是由這麼多的煩惱組成，何不自己讓自己更快樂些呢？笑著數念珠就是智慧的

人生態度。

　　假如說快樂只是女人生命的一種境界的話，女人更高的境界應當是追求幸福。

　　什麼才是女人的幸福？那就是快樂加上意義。

　　來自家庭的快樂，只是現代女性生活快樂的一部分，今天的女性更大的快樂應該是自我價值的實現，個人生活品質的提高，個人生命的自我完善。在這個過程中再加上對生命意義的思考，對生命意義的實踐，女人就踏上了幸福生活的道路。

　　每個女人的生命都走在追求幸福的路途中，讓自己的生命獲得更多的快樂，這種快樂是物質和精神的高度統一，讓自己的所做所為更有意義，這樣，女人就會得到更多的幸福。

　　倘若天下的女人都做到由快樂而及幸福，我們生存的社會就是美麗而又溫馨的社會，用我們的雙手建造的家園就會更加讓人流連忘返。

國家圖書館出版品預行編目資料

啟發女人快樂的能量配方：學會尋找快樂是生活的一種智慧／
江秀華編著. -- 初版. -- 新北市：菁品文化, 2018. 10
　　面；　　公分. --（通識系列；63）

　　ISBN 978-986-96843-1-6（平裝）

　　1. 生活指導　　2. 女性

177.2　　　　　　　　　　　　　　　　　　107013306

通識系列 063
啟發女人快樂的能量配方

編　　　著　江秀華
執 行 企 劃　華冠文化
封 面 設 計　上承工作室
設 計 編 排　菩薩蠻電腦科技有限公司
印　　　刷　博客斯彩藝有限公司
出　版　者　菁品文化事業有限公司
　　　　　　地址／23556 新北市中和區中板路 7 之 5 號 5 樓
　　　　　　電話／02-22235029　傳真／02-22234544
郵 政 劃 撥　19957041　戶名：菁品文化事業有限公司
總 經 銷　　創智文化有限公司
　　　　　　地址／23674新北市土城區忠承路89號6樓（永寧科技園區）
　　　　　　電話／02-22683489　傳真／02-22696560
網　　　址　博訊書網：http://www.booknews.com.tw
版　　　次　2018年10月初版
定　　　價　新台幣300元　　（缺頁或破損的書，請寄回更換）

I S B N　978-986-96843-1-6
版權所有・翻印必究　　　　　（Printed in Taiwan）
本書 CVS 通路由美璟文化有限公司提供　02-27239968
原書名：學會尋找快樂是生活的一種智慧